STEP 2

Jeff 지음 (제프스터디 대표)

한국어를 잘 하시는 여러분! 반드시 영어도 잘 하실 수 있습니다.

제프스터디는 영어초보분들께 영어자신감을 반드시 안겨드립니다.
지금 바로 제프스터디를 방문해보세요!

www.jeffstudy.com

영순법 기초영어 STEP 2
(긴 문장 만들기 편)

개정판 1쇄 발행   2025년 1월 20일

지 은 이 | 현장원(Jeff 강사)
펴 낸 곳 | 브롬북스(출판등록 : 제2019-000252호)
디 자 인 | 디자인 아르시에
I S B N | 979-11-988001-1-4(04740), 979-11-988001-2-1(세트)
                 (브롬북스 도서번호 P25201604)

주   소 | 서울시 강남구 봉은사로 317, 3층
전   화 | 070-7563-7775
이 메 일 | jeffstudylove@gmail.com
홈페이지 | www.jeffstudy.com

저작권자 | ⓒ 2025. 현장원

이 책의 저작권은 저자에게 있습니다. 서면에 의한 저자와 출판사의 허락 없이 내용의 일부 혹은 전부를 인용 및 복제하거나 발췌하는 것을 금합니다.

- 책값은 뒤표지에 있습니다.
- 잘못 만든 책은 구입하신 서점에서 교환해 드립니다.
- 책 관련한 문의사항은 제프스터디(www.jeffstudy.com)로 문의 부탁드립니다.

'제프스터디는 영어초보분들께 꿈과 희망을 드립니다!'

영어의 핵심은 '단어가 던져지는 순서'다!

Jeff 강사와 함께 영어에서 가장 핵심적인
60개의 핵심어순감각을 익히세요!
반드시 영어가 됩니다!

영어왕초보의 희망!

영순법 기초영어

STEP 2

긴 문장 만들기

Jeff 지음 | 제프스터디 대표

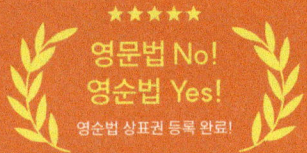
영문법 No!
영순법 Yes!
영순법 상표권 등록 완료!

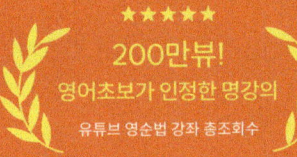
200만뷰!
영어초보가 인정한 명강의
유튜브 영순법 강좌 총조회수

무료 동영상
강의 제공!
책이해를 돕는 미니강의 제공!

BromBooks
브롬북스

영순법 기초영어 STEP 2
개정판은 이렇게 바뀌었습니다.

NEW 01. 영순법 설명은 좀 더 간결하고 쉽게! 대신 영어 예문은 풍부하게!!

설명 부분을 좀 더 간결히 다듬고, 대신 지면 관계상 싣지 못했던 영어 예문을 훨씬 더 많이 실었습니다. 풍성한 영어예문을 통해 해당과에서 반드시 알아야 할 영순법(영어단어순서법)을 완전히 내 것으로 만드는 데 큰 도움을 드릴 것입니다.

NEW 02. 학습에 최적화된 책 크기 및 내지 디자인 업그레이드!

이전 영순법 시리즈 책이 다소 작은 크기의 책자로 제작되어 학습하는 데 불편함이 있으셨다는 독자님들의 의견을 적극 반영하였습니다. 책자 크기를 키우고 내지 디자인 또한 좀 더 학습에 최적화된 디자인으로 변경하였습니다. 책자의 핵심인 영어 예문 또한 좀 더 가독성을 높여 편하게 학습하실 수 있도록 제작하였습니다.

NEW 03. 동영상 무료 미니 강의 오픈!

책자 내용을 요약한 '영순법 미니 강의'를 큐알코드를 통해 편리하게 수강하실 수 있습니다. 별도의 로그인 없이 책으로 공부하며 편리하게 수강 가능합니다. 책만으로 이해가 덜 되는 부분은 Jeff 강사의 동영상 미니 강의를 통해 완전히 내 것으로 만드세요!

* 책자 QR코드로 수강하는 영순법 미니 강의는
제프스터디 홈페이지에서 제공 중인 영순법 Full 버전 강의의 요약 강의입니다.

좀 더 자세한 설명과 다양한 예문을 통한 완전한 영순법 학습을 위해서는
제프스터디 홈페이지(www.jeffstudy.com) 방문을 부탁드립니다.

머리말

영문법이 아닌 Jeff 강사의 **영순법(영어단어순서법)**으로 영어자신감을 가지세요!

**부정사, 동명사, 현재분사, 관계대명사…
이런 문법적 개념을 정확히 알아야 영어를 배울 수 있는 것일까?**

영순법(영어단어순서법)은 이 질문에 대한 해답을 주는 책입니다. 영어 문장을 이해하고 내 것으로 만드는 본질은 '무슨 무슨 용법' 식의 문법학적 이해가 아닙니다. <u>영어라는 언어와 한국어의 가장 큰 차이는 단어의 순서배열에 있습니다. 우리말과는 너무나 다른 영어의 단어순서(정보전달 순서)를 익힌다면 누구나 다 영어를 쉽게 이해하고 구사할 수 있습니다.</u>

영순법 STEP 1 과정을 통해서 짧은 영어 문장이 만들어지는 기본적 원리와 영어단어순서 감각을 익힙니다. 그리고 STEP 2 과정에서는 STEP 1 과정에서 익힌 짧은 문장들을 이어 붙여 문장을 좀 더 길고 세련되게 만드는 방법을 배우게 됩니다.

Jeff 강사와 함께라면 반드시 영어 자신감을 가지게 됩니다!

영어에서 가장 기본적인 60개의 영어단어 순서 배열 감각을 익히자!

한국인 영어학습자가 반드시 알아야 하고, 영어에서 가장 빈도수가 높은 60개의 중요어순을 Jeff 강사가 혼신의 힘을 다하여 골라냈습니다. <u>1강에서 60강에 이르는 동안 조금씩 조금씩 문장의 길이를 늘여가며, 마법과도 같은 영어 문장 만들기의 매력에 빠져들 것입니다.</u>

영어는 삶을 행복하고 다채롭게 만들 수 있는 기회이다.

영어를 구사할 수 있음으로써 좀 더 다양한 사람, 다채로운 세상과 마주하게 됩니다. <u>영어는 비단 의사소통의 도구로서가 아니라 인생을 좀 더 행복하게 만들 수 있는 소중한 기회가 된다고 믿습니다.</u> 제프스터디 영순법과 함께 자신의 인생을 좀 더 행복하게 만들 기회를 잡아보세요. Jeff 강사의 영순법과 함께라면 반드시 당신도 영어가 됩니다.

- 영어자신감! 제프스터디, Jeff 강사로부터…

제프스터디
실제 강의 수강 후기

제프스터디 강의를 수강하신 회원님들의 생생한 이야기를 들어보세요~

 김*숙님 (주부회원님)   *"삶의 질이 글로벌화! 영어자신감도 UP!"*

우연히 인터넷을 뒤지다 제프선생님을 만나는 큰~ 행운을 얻었지요. 긍정적 사고, 성의, 일관성, 사랑, 열정으로 어르고 달래고 눈콕! 집중시키지요. 또한 **꼭 알아야 할 것만 조금씩 단계를 높이고 짧고 쉽게 반복 또 반복으로 아낌없이 영어 뿐만 아니라 건강 및 삶의 지혜까지 알려주시는 제프선생님, 덕분에 시간만 나면 영어를 즐기고 있습니다.** 10년을 해도 안 될 것이라는 영어가 제프스터디를 만나 될 것 같습니다. 아니 되고 있습니다. 요즈음, 신기하게도 팝송가사가 조금씩 들리고 영화의 대사가 조금씩 들리고 CNN 자막이 몇 단어만 찾으면 읽을 수 있어 분위기는 파악이 됩니다. **제 삶의 질이 글로벌화로 높아지는 것 같아 자신감도 생겼습니다.** 제프 선생님, 길들여 주셔서 감사합니다. 행복합니다. 계속~~ 함께 하고 싶으니 항상 건강하시기 바랍니다.

 김*준님 (직장인 회원님)   *"다른 기초영어강의와는 정말 달라요!"*

그동안 왜 영어공부가 잘 안 됐었는지를 깨닫게 해주었습니다. 변명같이 들릴지 모르지만 **그동안 여러 곳에서 배워왔던 기초영어강의와는 정말 차별화되는 좋은 강의였습니다.** 항상 이해보다 암기를, 직역보단 의역위주로 잘못된 방법으로 전 그렇게 영어를 배워왔던 것이었습니다. 왜 일본어만큼은 쉽게 배웠는지도 여기서 알게 되었습니다. (강의를 수강하면서 당시에 일본어를 배우던 과정과 상당히 흡사하다고 느꼈습니다)

 심*희님 (어르신 회원님)   *"제프 선생님 덕분에 다시 영어공부 도전해봅니다!"*

나이는 좀 많아서 시작하는 데는 용기와 결단이 필요했지요, 약 40년 전에 제프 선생님을 만났다면 하는 아쉬운 생각도 하며, 그래도 지금이라도 선생님을 만난 것을 정말 감사해하고 있습니다. 80년을 살면서 이제 정말 내 인생 끝자락에서 제프 선생님을 나의 마지막의 스승이라고 생각하면서 열심히 공부를 하려고 다짐하고 또 다짐합니다. ----(중략)----간간히 선생님이 포기하지 말라는 교훈을 마음에 새기며 다시 시작하곤 합니다. 그래도 하는 것이 안 하는 것 보다 훨 낫겠지 하는 위로를 스스로 하면서요....그래도 수강을 일 년 마치고 나면........ 다시 또 해야지 하는 희망을 가지고 계속 해볼 겁니다. 누가 이기나!!! 하면서.......... **일생동안 넘어서지 못해서 포기했던 영어를 제프 선생님 덕분에 다시 손에 잡았으니 꼭 고비를 넘기렵니다.**
"If you wanna learn something, you might as well just go crazy."
일 년 후에 쓰게 될 후기는 아마도 많이 발전된 모습을 보여드리게 되겠지요!!!

 이*정님 (학생 회원님)   *"처음에 쉽게 이해되던 게 끝까지 유지가 됩니다!"*

안녕하세요. 유튜브에서 기초영어라고 검색해서 이것저것 강의 많이 들어보았습니다. 그 중에 빨간 넥타이의 제프 선생님 강의가 단연 돋보이고 제게 이해가 가장 쏙쏙 되었습니다. 강의도 얼마나 재밌게 하시는지 단번에 매료되었습니다. 영어에 나름 한이 많은 사람이고, 한다고 열심히 했는데 항상 제자리인 느낌이었습니다. **근데 제프선생님 강의는 정말 다르네요. 일단 가장 인상적인 건 '처음에 쉽게 이해되던 것이 끝까지 유지가 된다'라는 점입니다. 대부분 강의들이 (물론 제가 부족해서 그랬겠습니다만..) 처음엔 이해가 잘 되다가 뒤로 갈수록 점점 힘겨워 포기하곤 했는데 제프선생님 강의는 스텝 강의 끝까지 정말 재밌게 들었네요.** 주변 사람들에게 제프선생님 강의 많이 소개하기도 했네요.. 다만 인터넷 만으로 수업을 듣는다는 게 다소 아쉬운 생각입니다. 기회가 된다면 제프선생님 오프라인 강의도 꼭 한번 듣고 싶은 마음이네요.

 권*민님 (직장인 회원님)   *"매번 강의 들을 때마다 말할 수 있는 문장 길이가 달라지고 있습니다!"*

이번에도 또! 영어강좌 뭐가 있을까? 하고 인터넷을 하이에나처럼 뒤지다가 아! 제프쌤을 만났습니다. 레벨테스트를 했는데, 약간은 자신 없는 정도의 수준이 나와서 Step 2를 수강신청 했습니다. 대만족입니다.ㅋ 일단 교육만 받으면 졸던 제가 제프쌤의 맛깔스런 강의 스탈에 연속으로 강의를 듣고 있습니다. 사투리가 섞인 말투에서 재미가 더 하구요. ㅋㅋ 살짝 졸릴때는 "눈 콕!!" ㅋㅋㅋㅋㅋ 매일 듣지는 못하지만 **매번 강의 들을 때마다 말 할수 있는 문장의 길이가 달라지고 있습니다. 외국 바이어와의 메일도 이제는 쬐끔(?) 자신이 붙었습니다. 문장을 길게 쓰는 비법을 배우고 있으니까요.** ㅋㅋㅋ (중략)

 이*경님 (직장인 회원님)   *"사막에서 오아시스를 찾은 느낌!"*

눈 딱 감고 제프 선생님 강의를 시작했습니다. 사막에서 오아시스를 찾은 느낌이랄까? ㅋㅋㅋㅋ 사실 비싼 돈을 들여 학원을 다닌 건 처음이었지만, 도서관이나 문화센터 같은 곳은 많이 기웃거렸던 저였기에 더욱 그랬습니다. 이제 시작이지만, **이제야 제가 알고 있었지만 적용할 수 없었던 것들이 "아~ 그래서 이렇게 되는거구나" 하고 하나씩 제자리를 찾아가는 중입니다.**
얼마나 감사한지... 주어동사, 영어는 순서감각, 암기. 식구들을 뒤쪽에. 양념치고, 눈----콕!!!!! 푸하하 선생님만 믿고, 시키시는 대로 할꺼예요. 아시죠 쌤? 시키는 대로 했는데도 안되면....눈..콕.... ㅋㅋㅋ 후에 이곳에 영어로 후기를 꼭!!! 올려보겠습니다. 식구들과 여행가서 외국인들과 당당히 쌀라쌀라~~ 할수 있는 그날을 꿈꾸며.... (중략)

 장*진님 (학생 회원님)   *"쉬운 용어로 수업 진행 방식이 좋고 지루하지 않아요!"*

제 나이 어언 26세 입니다. 그 동안 영어를 싫어 했기 때문에 영어 공부는 학창시절부터 제대로 한 적이 없습니다. 겨우 마음을 잡고 영어공부를 시작하려 하는데 도대체 뭐부터 시작해야 되는지 막막하더군요. 문법책과 영어 앱, 인터넷 강의 위주로 찾다가 유투브에서 제프스터디 영상을 봤습니다. 제프 선생님의 강의를 보고 이 선생님 강의라면 영어 공포증에서 해방될 수도 있겠구나라는 생각이 들더군요. 선생님의 활기찬 목소리와 행동을 그리고 **어려운 문법 용어가 아닌 쉬운 용어로 풀어서 설명을 해 주시니 강의 시작하고 끝날 때까지 지루함을 느끼지 않았습니다. 제프 스터디는 저처럼 한국식 영어 교육때문에 영어 공포증에 걸리신 분들에게 아주 좋은 강의라고 말씀 드리고 싶네요.** (중략)

영어의 핵심은 '단어의 순서'다!

영어라는 언어를 습득할 때 가장 염두에 두어야 하는 것은 영어단어가 놓이는 '순서'입니다. 우리말과 다르게 영어는 문장에서 단어를 쓸 때 어순이 정해져 있으며, 우리는 그 영어단어가 놓이는 순서 감각을 내 것으로 만드는 데 집중해야 합니다. 그래야 비로소 영어가 됩니다.

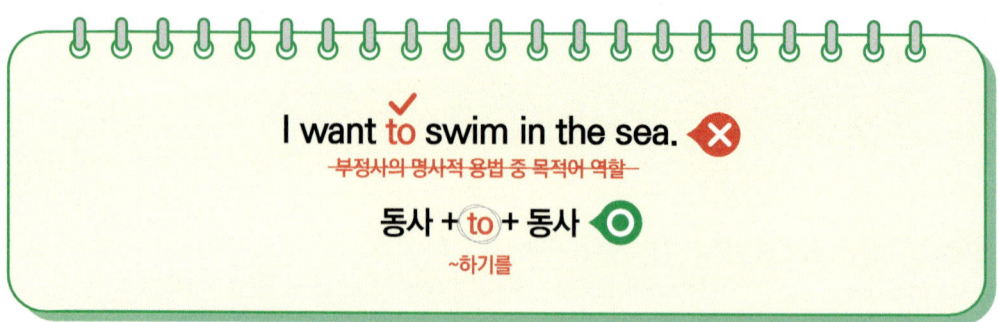

위 문장에서 'to swim' 부분을 이해할 때 **부정사의 명사적 용법 중 목적어 역할**이라는 거창한 문법적 개념으로 이해해서는 곤란합니다.

'동사(want) + to + 동사(swim)' 어순이 보일 때, to는 '~하기를' 이라고 해석된다.
라는 식으로 단어순서에 초점을 맞춰 영어문장을 보아야 합니다.

한 가지 더 보자면,

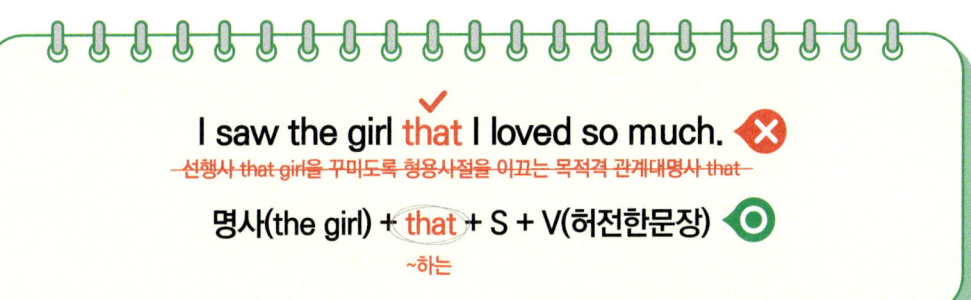

위 문장에서 that 이란 단어를 이해할 때, '관계대명사로써 뒤에 형용사절을 이끌어 앞의 선행사 the girl이라는 명사를 수식하는 구조를 만들어 낸다'라는 식의 케케묵은 영문법식 이해는 이제는 정말 그만둬야 합니다. 그러한 접근방식은 결코 실전에서 빠르게 영어 문장을 만들어 내는 감각이 생기지 않을뿐더러 영어를 싫어지게 만드는 주범입니다.

여러분들은 오직 단어의 순서에 초점을 맞추어서 영어 문장을 바라봐야 합니다.

'명사(the girl) + that + 주어 + 동사' 어순이 보이면 that 은 '~하는' 이라는 해석을 해야 한다. (that 이하가 앞의 명사를 수식)

위 사실만 기억하고 있으면 영어문장은 자연스레 이해가 되며, 활용도 쉽습니다.
(*이때, 주어+동사 부분은 뭔가 하나 빠진 듯한 허전한 느낌이 들어야 함.)

기억하셔야 합니다.

영어의 핵심은 단어가 던져지는 순서입니다!
우리는 영어단어가 놓이는 순서 감각을 익히는데 최우선을 두고 영어 문장을 연습해야 합니다!

영어를 제대로 구사하는 법을 알기 위해서는 영문법이 아니라 제프 강사가 제시하는
영순법(영어단어순서법)을 익히십시오!

기존 영문법과 차별화된 영어단어 순서 중심의 JEFF의 영순법이라면 반드시 영어에 자신감을 가질 수 있습니다.

CONTENTS

영순법 기초영어 STEP 2

영어의 핵심은 단어순서 감각!
영순법(영어단어순서법)으로 긴 영어 문장에 자신감을 가져보세요!

01	**A and B** 영어문장이 길어지는 가장 중요한 원리를 알자!	17
02	**A, B, and C** 영어문장이 길어지는 두 번째 중요한 원리!	25
03	**V + that** 본격적인 영순법의 시작! '동사 + that' 의 쓰임새에 눈뜨자!	33
04	**접속사** 영어문장을 길어지는 만드는 '주범' 을 잡자!	39
05	**so 와 that** so와 that은 절친관계다!	47
06	**V that A and B** that과 and를 써서 말을 길게 하는 영미인의 세련된 영어로의 진입!	55
07	**V that A, B, and C** 6강에 이어 더욱 세련된 영어로의 진입!	61
08	**주어 늘이기** 전치사의 이해, 머리가 커지는 영어를 알자!	67
09	**(관계대명사 1) 명사 + that + S + V** 관계대명사 개념을 제대로 알자!	73
10	**(관계대명사 2) 명사 + that + V** 관계대명사랑 더욱 친해진다!	79
11	**(관계대명사 3) 명사 + that + S + V$_1$ … V$_2$** 관계대명사를 사용한 세련된 영어 1탄!	85
12	**(관계대명사 4) 명사 + that + V$_1$ … V$_2$** 관계대명사를 사용한 세련된 영어 2탄!	91
13	**장소표현 + where , 시간 + when** 관계부사를 철저히 JEFF 식으로 요리한다!	97

#	제목	설명	쪽
14	the reason + why , the way / how	관계부사를 철저히 JEFF 식으로 알면 쉽다!	107
15	what + 허전한 문장	유창한 영어의 필수품 what에 대해 파헤친다!	117
16	S + be 동사 + that ~	be 동사 다음에 that이 나올 때를 알자!	123
17	what ~ be동사 + that ~	what과 that을 사용한 길고 세련된 영어!	129
18	명사 + 동격의 that ~	동격의 that도 JEFF 식으로 알면 쉽다!	135
19	명사 + ~ing	명사 다음에 ~ing 표현이 나올 때!	141
20	명사 + p.p.	명사 다음에 과거분사형이 나올 때!	147
21	(분사구문 1) 문장앞 ~ing/p.p.	분사구문 개념도 JEFF와 함께라면 문제없다!	153
22	(분사구문 2) 문장 중간 ~ing	문장 중간에 분사구문 개념이 나올 때 JEFF식 처리법을 알자!	161
23	It ~ to, It ~ that	it과 to, it과 that은 절친임을 알자!	167
24	It ~ for ~ to	it , for, to 는 한식구다!	173
25	접속사 + 접속사	접속사와 접속사가 붙어있을 때 JEFF 식 영어가 빛난다!	179
26	세모의 기적 1 (not A but B 외)	세모를 치면 매우 쉽다!	185
27	세모의 기적 2 (between A and B 외)	세모를 치면 영어가 된다!	191
28	간접의문문 1 (문장안에 의문문이 쏘~옥!)	간접의문문을 알아야 길게 영어를 쓸 수 있다!	197
29	간접의문문 2 (문장안에 의문문이 쏘~옥!)	간접의문문에 대해 더욱 파헤치자!	203
30	간접의문문 3 (문장안에 의문문이 쏘~옥!)	간접의문문 개념을 완성하자! 특히나 시험영어를 위해!	207

영순법 기초영어 STEP 1 목차

영순법 기초영어 STEP 1 책자는
이 책의 이전 단계 책으로
별도 구매 가능하심을 안내드립니다.

영어의 핵심은 단어순서 감각!
영순법(영어단어순서법)으로 짧은 영어 문장에 자신감을 가져보세요!

00 한국어 vs. 영어 한국어와 영어의 결정적 차이에 눈뜬다!

01 S + V의 연습 영어의 가장 기본 어순 정복!

02 don't + 부정문 영어의 가장 기본 부정법을 내 것으로!

03 S + be동사 당신이 알고 있는 be동사는 가짜? be동사의 정체 제대로 알기!

04 미래의 일 기본 S + will + V 미래에 벌어질 일 나타내는 법

05 명령문(동사원형으로 시작!) '~해라, ~해다오' 의 뜻 만들기

06 기본 조동사 can (S + can + V) 동사를 도와주는 조동사 익히기 기본

07 조동사 더욱 연습 (S + should/have to/must + V) 조동사의 확장 연습

08 과거시제 1 (S + 일반동사 과거) 일반동사를 이용한 가장 기본적인 과거의 일 나타내기

09 과거시제 2 (S + be동사 과거) Be동사를 사용한 과거의 일!

10 과거시제 3 (S + used to + V) (조금 특별한 과거) - 이것까지 알면 당신은 과거형 정복자!

11 물어보기 1 (Do + S + V ~?) (일반동사 의문문) (일반동사 의문문) - 가장 기본적으로 물어보기

12 물어보기 2 (Be동사 + S ~?) (Be동사 의문문) - Be동사를 써서 물어보기

13 물어보기 3 (조동사 + S + V ~?) (조동사 의문문) - 조동사를 써서 조금 복잡하게 물어보기

| 14 | **의문사로 물어보기 1** (의문사 + be동사/조동사 + S ~ ?)　(Be동사/조동사) – 의문사가 나타나는 기본 물어보기

| 15 | **의문사로 물어보기 2** (의문사 + do + S + V ~ ?)　(일반동사/의문사가 주어 역할) – 이걸 알면 당신은 의문문 정복자!

| 16 | **진행시제** (S + be동사 + ~ing)　진행시제라는 것의 진정한 의미를 알자!

| 17 | **현재완료 1** (S + have + p.p. ~)　현재완료형은 반드시 JEFF 식으로! (과거 vs. 현재완료)

| 18 | **현재완료 2** (S + have + p.p. ~)　현재완료형은 무슨 일이 있어도 JEFF 식으로! (다양한 쓰임)

| 19 | **현재완료 3** (S + have + p.p. ~)　현재완료형은 무조건 JEFF 식으로! (좀 더 다양한 쓰임)

| 20 | **부정사 기본** (to + V)　부정사란 말을 잊고 JEFF 식 영순법으로!

| 21 | **동명사** (~ing)　동명사 개념도 JEFF 식으로 알면 쉽다.

| 22 | **5형식 1** (S + V + O + to + V)　JEFF의 필살 5형식 개념 익히기! 당신도 드디어 영어에 눈뜬다!

| 23 | **5형식 2** (make/have/let + O + V)　점점 재미있어지는 5형식 이야기! to를 쓰지 않아야 한다!

| 24 | **to + V**　to + V 의 너무나 흔한 쓰임새!

| 25 | **be + to + V**　Be동사 다음에 'to + 동사원형' 이야기

| 26 | **명사 + to + V**　명사 다음에 'to + 동사원형' 이야기

| 27 | **형용사 + to + V**　형용사 다음에 'to + 동사원형' 이야기

| 28 | **수동태 기본** (be + p.p.)　JEFF 식으로 수동태 기본을 정복하자!

| 29 | **조동사가 있는 수동태** (조동사 + be + p.p.)　조동사가 등장하는 조금 복잡해지는 수동태 개념에 눈뜨자!

| 30 | **특별한 수동태**　이걸 알면 당신도 수동태 전문가(by를 쓰지 않는 수동태)

| 부록 | **꼭 알아야 할 왕초보 문법용어편**
Jeff 강사 영어강의를 듣기 위해 반드시 알아야 할 가장 기초적인 용어를 알려드리는 파트입니다.
영어 왕초보분들은 반드시 이 파트를 숙지하고 1강을 시작해주세요!

영순법 기초영어 STEP 2 설명서

이 책은 이렇게 활용하시면 좋습니다. ^^

📍 1강의 목표
영어문장을 길어지게 만드는 가장 기본적인 단어인 and의 중요성을 이해한다.

📍 1강의 내용
- 영순법 1-1 : A and B 기본
- 영순법 1-2 : A and B 중요 연습

01. 목표 확인!

무슨 일이나 가장 중요한 것은 명확한 목표의 설정! 이 강의 목표를 확실히 알고 시작합니다!

02. 핵심 요약강의로 보다 쉽게 이해!

JEFF 강사의 핵심 요약 미니 강의를 통해 해당 영순법의 핵심을 파악합니다. JEFF의 설명과 함께라면 쏙쏙 이해가 잘 됩니다!

03. 영순법 핵심 설명 읽기!

간결한 JEFF 강사의 영순법 설명을 통해 꼭 기억해야 할 영순법을 확실히 내 것으로 만듭니다!

영순법 다시가 2-1

다지기를 통해 확실히 내 것으로 만들자!

아래 문장들에서 어떤 식으로 세 가지가 연결되어 있는지를 파악해 보자.

#01: 결국 동사원형 세 개가 이어지는 형태.

I decided to study English.
나는 영어를 공부하기로 결심했다.

I decided to travel abroad.
나는 이행을 가기로 결심했다.

I decided to enjoy my life.
나는 나의 삶을 즐기기로 결심했다.

▼

I decided to **study** English, **travel** abroad, **and enjoy** my life.
나는 영어를 공부하고, 이행을 가고, 나의 삶을 즐기기로 결심했다.

① I decided to **meet** her, **have** a dinner, **and watch** a movie.
나는 그녀를 만나서 저녁 먹고 영화를 보기로 결심했다.

② I would like to **get** a job, **work** hard, **and become** rich.
나는 일을 구해서 열심히 일하고 부자가 되기를 원한다.

③ I would like to **go** to the U.S., **meet** American friends, **and study** English.
나는 미국으로 가서 미국친구를 만나고 영어를 공부하기를 원한다.

04. 풍부한 예문으로 영순법을 확실히 내 것으로!

JEFF 강사가 엄선한 좋은 영어 예문들로 영순법 자신감을 Up 시키세요!

영순법 맹연습!

고급영어의 초석이 되는 A, B, and C 구조의 문장을 맹연습 해보자! 영어에 자신감을 가져보자! 어려운 단어가 보이고 문장이 길어 보인다고 겁먹을 필요가 없다. 어려운 단어는 하나하나 익히면 되고, A, B, and C 의 구조가 보인다면 확실히 내 것으로 만들 수 있다!

① I love **reading, writing, and exploring** new ideas.
나는 책 읽는 것, 글 쓰는 것, 그리고 새로운 아이디어를 탐험하는 것을 좋아한다.

② She enjoys **swimming, hiking, and spending** time in nature.
그녀는 수영, 하이킹, 그리고 자연에서 시간을 보내는 것을 즐긴다.

③ We appreciate **good food, music, and laughter.**
우리는 맛있는 음식, 음악, 그리고 웃음을 감사히 여긴다.

④ They take pleasure in **challenges, learning, and personal growth.**
그들은 도전, 학습, 그리고 개인적인 성장에서 기쁨을 느낀다.

⑤ Sarah excels in **academics, sports, and cooking.**
Sarah는 학문, 스포츠, 그리고 요리에서 뛰어나다.

⑥ Jake finds joy in **painting, traveling, and creating** art.
Jake는 그림 그리기, 여행, 그리고 예술 창작에서 기쁨을 느낀다.

⑦ The team focuses on **collaboration, innovation, and success.**
팀은 협업, 혁신, 그리고 성공에 중점을 둔다.

⑧ Olivia juggles **work, family, and pursuing** her hobbies.
Olivia는 일, 가족, 그리고 취미를 추구하는 것을 동시에 하고 있다.

⑩ The group prioritizes **communication, trust, and understanding.**
그룹은 소통, 신뢰, 그리고 이해를 우선시한다.

05. 해당과에서 가장 중요한 영순법 내용 다시한번 맹연습!

핵심적인 영순법 내용은 맹연습 코너를 통해 확실히 내 것으로 만들어봅니다! 영어자신감이 쑥쑥!!

✅ **Review Test** 공부한 내용을 테스트를 통해 복습해보아요 😊

Ⓐ 다음 퀴즈에 답하시오.

① 영어에서 A와 B가 연결되는 기본 방식은? ▶

② 영어는 무엇을 싫어하나? ('ㅂ' 으로 시작되는 말) ▶

Ⓑ 다음 문장에서 연결되어 있는 A와 B를 찾아 표시하시오.

③ I am rich and happy.

④ You were so beautiful and pretty yesterday.

⑤ I want to sleep early and get up late every day.

⑥ Justin enjoys reading books and watching movies.

Ⓒ 다음 문장을 정확히 해석해보시오.

⑦ Jeff wants you to speak and use English very well. ▶

06. 핵심 퀴즈 및 영어단어 배열 순서 연습

퀴즈를 통해 JEFF 강사의 영순법 핵심 사항을 다시한번 짚어보고, 확인 문제를 통해 자신의 실력 점검해봅니다!

눈이 펑펑 오는 날,
혹시 눈사람을 만들어 본 적이
있으신가요?

처음에 일정 크기의 동그란 눈뭉치를 만드는 것이 어렵지, 일단 눈뭉치를 만들어냈다면 데굴데굴 굴려 금방 커다란 눈덩이를 만들 수 있습니다.

영어 공부도 마찬가지입니다.

처음 탄탄한 기초를 쌓기가 어렵지, 그 다음부터는 눈덩이를 크게 만들듯이 영어 실력을 일사천리로 늘려 나갈 수 있습니다.

Jeff 강사의 영순법 강의는 눈사람을 만들 듯 조금씩 조금씩 문장을 늘여 나가 유창한 영어 실력을 갖추게 만드는 강의입니다.

한국어를 잘하는 여러분!
분명 영어도 잘하실 수 있습니다!

영어는 나의 삶을 좀 더 신나고 행복하게 바꿀 수 있는 분명한 기회입니다.
그 기회를 Jeff 강사가 제시하는 영순법(영어단어순서법)으로 나의 것으로 만드십시오.

당신은 분명 해낼 수 있습니다!

JEFF 강사가 말씀드립니다.

책 본문의 글은 효율적이고 가독성 높은 글읽기를 위해 경어체를 사용하지 않았습니다. 이 점 양해의 말씀 구합니다.
또한 언어학습의 기본은 다소 지루한 '반복'이라고 생각하는 Jeff 강사의 기본 강의 철학에 따라
중요내용의 경우 1강에서 30강까지 의도적으로 '반복'되어 있음을 알려드립니다.
부디 제프스터디 영순법과 함께 반드시 영어자신감 가지시기를 기원드립니다.

📍 1강의 목표
영어문장을 길어지게 만드는 가장 기본적인 단어인 and의 중요성을 이해한다.

📍 1강의 내용
- 영순법 1-1 : A and B 기본 연습
- 영순법 1-2 : A and B 확장 연습

A and B

영어에서 두 개가 연결될 때!

1강 핵심요약강의

큐알코드를 찍으면
핵심 요약강의를 수강하실 수 있습니다.

01 A and B

영어에서 두 개가 연결될 때!

영순법 1-1
A and B 기본 연습

영순법 1-1강의 핵심

영어 문장이 길어지는 가장 중요한 원리는 'A and B' 이다. 영어에서 두 개가 연결될 때 기본적으로 필요한 것이 and 접속사이다.

영어라는 언어의 중요한 특성인 아래 두 가지 사항을 반드시 기억하자!

첫째, A, B 두 개가 연결될 때는 and(접속사)를 쓴다! (이 때 A, B는 단어, 단어 덩어리 혹은 문장 일 수 있다.)

둘째, 영어는 같은 말 반복을 매우 싫어한다. (싫어하므로 반복된 말은 생략!)

기본적인 아래 두 문장을 연결해보자.

아래 문장들도 모두 같은 원리로 I like 부분을 생략하고 and로 이어져 있다.
결론적으로 문장의 연결이 아닌 단어 두 개를 연결한 것으로 이해해도 좋다. 어떤 식으로 이해하던 <u>중요한 것은 두 개가 연결될 때는 and 가 꼭 보인다는 점이다.</u>

- ☑ I like **Korean** *and* **English**. 나는 한국어와 영어를 좋아한다.
- ☑ I like **dancing** *and* **singing**. 나는 춤추기와 노래하기를 좋아한다.
- ☑ I like **bears** *and* **tigers**. 나는 곰과 호랑이를 좋아한다.
- ☑ I like **spicy** *and* **sweet food**. 나는 매운 음식과 달콤한 음식을 좋아한다.

 다지기를 통해 확실히 내 것으로 만들자!

영순법 다지기 1-1

다음 문장들을 통해 A and B의 구조를 확실히 내 것으로 만들어보자. 영어는 두 개가 연결될 때 그 사이에 and를 쓴다는 걸 꼭 기억하자!

1. I like **books** *and* **toys**.
   나는 책과 장난감을 좋아한다.

2. I like **my younger brother** *and* **younger sister**.
   나는 내 남동생과 여동생을 좋아한다.

3. I like **singers** *and* **movie stars**.
   나는 가수와 영화배우들을 좋아한다.

4. I hate **cats** *and* **dogs**.
   나는 고양이와 개를 싫어한다.

5. I hate **mushrooms** *and* **onions**.
   나는 버섯과 양파를 싫어한다.

6. I hate **butterflies** *and* **flies**.
   나는 나비와 파리를 싫어한다.

7. I miss **you** *and* **her**.
   나는 너와 그녀가 보고싶다.

8. **Tom** *and* **I** didn't go to the party.
   탐과 나는 그 파티에 가지 않았다.

9. I want to meet **Matt Damon** *and* **Tom Cruise**.
   나는 맷데이먼과 탐크루즈를 만나길 원한다.

10. I don't want to go **outside** *and* **exercise**.
    나는 밖에 나가서 운동하기를 원하지 않는다.

영순법 1-2
A and B 확장 연습

영순법 1-2강의 핵심

꼭 기억하자. 기본적으로 두 개를 연결할 때는 and를 쓴다. 두 개의 문장을 이어줄 때도 and를 쓴다.
반복되는 부분은 생략한다. 그러면 조금 긴, 세련된 영어문장이 만들어진다. 아래 문장을 통해 조금 복잡한 A and B를 이해해보자!

I want to meet Matt Damon. + **I want to have dinner with him.**
나는 맷데이먼을 만나기를 원한다.   나는 그와 저녁을 먹기를 원한다.

▼ 두 개의 문장을 이어주기 위해 and 가 필요함을 우선 느낀다.

I want to meet Matt Damon *and* **I want to have dinner with him.**
나는 맷데이먼을 만나고 나는 그와 저녁을 먹기를 원한다.

▼ and로 문장을 이어주고, 반복되는 부분을 모두 생략하면 동사 have만 남게 된다.

I want to _meet_ Matt Damon _and_ _have_ dinner with him.
　　　　　　　A　　　　　　　　　　B
나는 맷데이먼을 만나고 그와 저녁을 먹기를 원한다.

위 두 문장의 연결 원리를 깨닫고 아래 문장들을 잘 살펴보자. 단어들이 평면적으로 보여서는 안되고, <u>A and B의 구조가 문장에서 도드라지게 느껴져야 한다.</u> and 단어를 잘 이해하면 긴 영어문장에 대한 두려움을 많이 떨쳐낼 수 있다! 영어자신감이 생기기 시작한다! 할 수 있다! 아자!

- ☑ I want to **sleep** *and* **rest.** 　　　　　　나는 자고 쉬고 싶다.
- ☑ I want to **eat** *and* **drink.** 　　　　　　나는 먹고 마시고 싶다.
- ☑ I want to **play guitar** *and* **sing a song.** 　나는 기타를 치고 노래 부르고 싶다.
- ☑ I want to **gain weight** *and* **be healthy.** 　나는 살을 찌고 건강해지고 싶다.

영순법 다지기 1-2

다지기를 통해 확실히 내 것으로 만들자!

문장에서 단어수가 많아지는 가장 기본원리를 잊지 말자! A and B! 이걸 깨닫는 순간 긴 영어문장이 만만하게 보이기 시작한다. 영어가 되기 시작한다.

1. I want to **dance and sing.**
   나는 춤추고 노래하기를 원한다.

2. I want to **work and study.**
   나는 일하고 공부하기를 원한다.

3. I want to **meet** her **and give** her a present.
   나는 그녀를 만나서 선물을 주기를 원한다.

4. I want to **go** to a movie theater **and watch** the movie.
   나는 영화관에 가서 그 영화를 보고싶다.

5. I want to **listen** to the music **and memorize** the lyrics.
   나는 그 음악을 듣고 가사를 외우기를 원한다.

6. I want to **meet** my friends **and hang out** with them.
   나는 내 친구들을 만나서 놀기를 원한다.

7. I liked to **play** baseball **and swim** in the sea.
   나는 야구하는 것과 바다에서 수영하는 것을 좋아했다.

8. I want to **watch** dramas **and eat** chicken.
   나는 드라마 보는 것과 치킨 먹는 것을 원한다.

9. I don't want to **learn** French **and go** to France.
   나는 프랑스어를 배우기 원하지 않고 프랑스를 가기를 원하지 않는다.

10. He doesn't want to **go** to the other city **and make** new friends.
    그는 다른 도시에 가서 새로운 친구들을 만나길 원하지 않는다.

영순법 맹연습!

조금 더 어려운 문장을 통해 A and B 구조를 좀 더 확실히 연습해보자!

1. I want to **travel** the world and **experience** diverse cultures.
   나는 세계 일주를 하고 다양한 문화를 경험하고 싶다.

2. She dreams of **learning** to play the piano and **composing** her own music.
   그녀는 피아노 연주를 배우고 자신만의 음악을 작곡하는 꿈을 꾸고 있다.

3. They hope to **climb** Mount Everest and **witness** the breathtaking views from the summit.
   그들은 에베레스트를 등반하고 정상에서 숨막히는 풍경을 목격하길 희망하고 있다.

4. We plan to **explore** ancient ruins and **delve** into the rich history of the region.
   우리는 고대 유적을 탐험하고 그 지역의 풍부한 역사를 깊이 파고들 계획이야.

5. He aspires to **master** martial arts and **compete** in international tournaments.
   그는 무술을 마스터하고 국제 대회에서 경쟁하고자 하는 큰 목표가 있다.

6. Jenny desires to **write** a bestselling novel and **inspire** readers around the globe.
   제니는 베스트셀러 소설을 쓰고 전 세계 독자들에게 영감을 주는 것이 그녀의 소망이다.

7. The team aims to **win** the championship and **celebrate** their victory together.
   팀은 선수권을 따내고 그들의 승리를 함께 축하하려는 목표를 세웠다.

8. My goal is to **learn** multiple programming languages and **excel** in software development.
   나의 목표는 여러 프로그래밍 언어를 배우고 소프트웨어 개발에서 뛰어나게 되는 것이다.

여기서 잠깐!

느껴졌으리라 믿는다! A and B에서 A와 B는 문법적으로 같은 자격의 단어가 온다! (A가 명사라면 B도 명사, A가 동사라면 B도 동사! 시험영어에서 대단히 중요한 문법 포인트이니 꼭 기억해두도록 하자.)

Review Test 공부한 내용을 테스트를 통해 복습해보아요.

A 다음 퀴즈에 답하시오.

① 영어에서 A와 B가 연결되는 기본 방식? ▶

② 영어는 무엇을 싫어하나? ('ㅂ' 으로 시작되는 말) ▶

B 다음 문장에서 연결되어 있는 A와 B를 찾아 표시하시오.

③ I am rich and happy.

④ You were so beautiful and pretty yesterday.

⑤ I want to sleep early and get up late every day.

⑥ Justin enjoys reading books and watching movies.

C 다음 문장을 정확히 해석해보시오.

⑦ Jeff wants you to speak and use English very well. ▶

⑧ Mr. Kim teaches Spanish in the morning and plays basketball at night. ▶

⑨ She expects to deliver her baby on January and become a mom. ▶

⑩ I asked Wilson how to tie a bow tie and attended a birthday party. ▶

Answer

① A and B
② 반복
③ A: rich B: happy
④ A: beautiful B: pretty
⑤ A: sleep B: get up
⑥ A: reading B: watching
⑦ 제프는 네가 영어를 매우 잘 말하고 사용하기를 원한다.
⑧ 미스터 김은 아침에는 스페인어를 가르치고 밤에는 농구를 합니다.
⑨ 그녀는 1월에 아이를 낳고 엄마가 되는 것을 기대합니다.
⑩ 나는 윌슨에게 리본넥타이를 어떻게 매냐고 물어보고 생일 파티에 참여했습니다.

Believe you can and you're halfway there.

– Theodore Roosevelt –

당신이 할 수 있다고 믿어라.
그러면 이미 반은 이룬 셈이다.

2강의 목표
세 가지를 이어주는 데 필요한 and와 , (콤마)의 중요성을 이해한다

2강의 내용
- 영순법 2-1 : A, B, and C (기본 연습)
- 영순법 2-2 : A, B, and C (조금 복잡한 연결)

CHAPTER

A, B, and C

세 가지를 연결하여 문장을 길게!

2강 핵심요약강의

큐알코드를 찍으면
핵심 요약강의를 수강하실 수 있습니다.

02 영어에서 두 개가 연결될 때!
A, B, and C

영순법 2-1
A, B, and C (기본연습)

영순법 2-1강의 핵심

영어 문장을 많이 길어지게 만드는 가장 기본적 방법은 A, B, and C 임을 알자.
세 가지가 연결될 때는 반드시 **콤마**와 **and**가 필요하다. 그리고 영어는 같은 말 반복을 싫어한다는 사실을 잊지 말자.
아래 문장을 보고 어떤 식으로 영어문장이 짧아지는지 반드시 이해해야 한다.
세련된 영어로 향하는 첫걸음이 바로 이곳이며, 이 부분을 확실히 깨닫는 순간 긴 영어문장이 더 이상 두렵지 않다!

다음 단순한 세 문장을 이어보자.

반복되는 부분을 생략하면 다음 문장들과 같이 단어 세 개를 이어주는 형태가 된다.

- ☑ I ate **strawberries, blueberries,** *and* **bananas.** 나는 딸기와, 블루베리, 그리고 바나나를 먹었다.
- ☑ I ate **Korean, Italian,** *and* **American food.** 나는 한국, 이탈리아, 그리고 미국음식을 먹었다.
- ☑ I ate **sushi, pizza,** *and* **spaghetti.** 나는 초밥, 피자, 그리고 스파게티를 먹었다.
- ☑ I ate **spicy, sweet,** *and* **delicious food.** 나는 맵고, 달고, 그리고 맛있는 음식을 먹었다.
- ☑ I ate **bibimbap, bulgogi,** *and* **Kimchi.** 나는 비빔밥, 불고기, 그리고 김치를 먹었다.

영순법 다지기 2-1
다지기를 통해 확실히 내 것으로 만들자!

문장에서 단어수가 많아지는 가장 기본원리를 잊지 말자! A and B! 이걸 깨닫는 순간 긴 영어문장이 만만하게 보이기 시작한다. 영어가 되기 시작한다.

1. I ate **apples, grapes, and strawberries.**
나는 사과, 포도, 그리고 딸기를 먹었다.

2. I ate **rameon, sushi rolls, and deserts.**
나는 라면, 초밥롤, 그리고 디저트를 먹었다.

3. I like **tigers, bears, and lions.**
나는 호랑이, 곰, 그리고 사자를 좋아한다.

4. I like **Tom, Matt, and Jeff so much.**
나는 탐, 매트, 그리고 제프를 너무나 좋아한다.

5. **Tom, Matt, and Jeff** are handsome guys.
탐, 매트, 그리고 제프는 잘생긴 남자들이다.

6. **Tom, Matt, and Jeff** are roommates.
탐, 매트, 그리고 제프는 룸메이트이다.

7. **Katie, Susie, and Christine** are best friends.
케이티, 수지, 그리고 크리스틴은 가장 친한 친구들이다

8. I don't like **cats, dogs, and bugs.**
나는 고양이, 개, 그리고 벌레를 싫어한다.

9. She doesn't like **cats, dogs, and bugs.**
그녀는 고양이, 개, 그리고 벌레를 싫어한다.

영순법 2-2
A, B, and C (조금 복잡한 연결)

영순법 2-2강의 핵심

좀 더 복잡한 문장 구조를 연결해보자. 다음 두 가지 사항을 꼭 기억하고 적용해보자.
1. 영어는 세 가지가 연결될 때는 반드시 콤마와 and가 필요하다. **A, B, and C!**
2. 영어는 같은 말 반복을 싫어한다. <u>**반복된 말은 생략**</u>하고 **세련된 영어문장을 만들어보자!**

A He wants to sleep.
그는 잠자기를 원한다.

B He wants to eat something.
그는 무언가를 먹기를 원한다.

C He wants to play video games.
그는 비디오게임 하기를 원한다.

▼

He wants to sleep, he wants to eat something, and he wants to play video games.
　　　　A　　　　　　　　　　B　　　　　　　　　　　　　　C
그는 잠자기를 원하고, 그는 무언가를 먹기를 원하고, 그리고 그는 비디오 게임을 하기를 원한다.

▼

He wants to **sleep, eat** something **and play** video games.
　　　　　　A　　B　　　　　　　　　　　　C
그는 잠자고, 무언가를 먹고, 비디오 게임을 하기를 원한다.

- ✅ He wants to **dance, sing, and rap.**
  그는 춤추고, 노래하고, 랩하기를 원한다.

- ✅ He wants to **go** to a mall, **buy** a shirt, **and wear** it.
  그는 쇼핑센터에 가고, 셔츠를 사고, 그걸 입기를 원한다.

- ✅ He wants to **go** to school, **study** his major, **and get** an A for the exam.
  그는 학교에 가고, 그의 전공을 공부하고, 시험에서 A를 받기를 원한다.

- ✅ He wants to **learn** English, **use** it in front of everybody, **and introduce** himself.
  그는 영어를 배우고, 그걸 모두의 앞에서 사용하고, 자기를 소개하기를 원한다.

다지기를 통해 확실히 내 것으로 만들자!
영순법 다지기 2-2

아래 문장들에서 어떤 식으로 세 가지가 연결되어 있는지를 파악해 보자.

#01: 결국 동사원형 세 개가 이어지는 형태.

I decided to study English.	I decided to travel abroad.	I decided to enjoy my life.
나는 영어를 공부하기로 결심했다.	나는 여행을 가기로 결심했다.	나는 나의 삶을 즐기기로 결심했다.

I decided to **study** English, **travel** abroad, **and enjoy** my life.
나는 영어를 공부하고, 여행을 가고, 나의 삶을 즐기기로 결심했다.

1. I decided to **meet** her, **have** a dinner, **and watch** a movie.
   나는 그녀를 만나서 저녁을 먹고 영화를 보기로 결심했다

2. I would like to **get** a job, **work** hard, **and become** rich.
   나는 일을 구해서 열심히 일하고 부자가 되기를 원한다.

3. I would like to **go** to the U.S., **meet** American friends, **and study** English.
   나는 미국으로 가서 미국친구를 만나고 영어를 공부하기를 원한다.

#02: 결국 ~ing 세 개가 이어지는 형태

I enjoy **riding** a bicycle in Han-River Park.
나는 한강에서 자전거 타기를 즐겨한다.

I enjoy **snowboarding** in Japan.
나는 일본에서 스노우보드 타기를 즐겨한다.

I enjoy **watching** American Soap Opera on weekends.
나는 주말에 미국드라마 보기를 즐겨한다.

▼

I enjoy **riding** a bicycle in Han-River Park, **snowboarding** in Japan, **and watching** American Soap Opera on weekends.
나는 한강에서 자전거타기, 일본에서 스노우보드 타기, 그리고 주말에 미국 드라마 보기를 즐겨한다.

4 I enjoy **meeting, talking,** and **hanging out** with friends.
나는 친구들과 만나서 이야기하고 놀러가는 것을 즐겨한다

5 I enjoy **meeting, having** a dinner, and **watching** a movie with her.
나는 그녀와 만나서 저녁 먹고 영화보는 것을 즐겨한다.

6 I stopped **playing** video games, **sleeping** late, and **eating** noodles at night.
나는 비디오게임하고 밤에 늦게 자고 밤에 라면 먹는 것을 멈췄다.

7 I finished **doing** homework, writing an essay, and **sending** an email.
나는 숙제를 하고, 에세이를 쓰고, 이메일을 보내는 것을 마쳤다.

영순법 맹연습!

고급영어의 초석이 되는 A, B, and C 구조의 문장을 맹연습 해보자! 영어에 자신감을 가져보자! 어려운 단어가 보이고 문장이 길어 보인다고 겁먹을 필요가 없. 어려운 단어는 하나하나 익히면 되고, A, B, and C 의 구조가 보인다면 확실히 내 것으로 만들 수 있다!

1. I love **reading, writing, and exploring** new ideas.
나는 책 읽는 것, 글 쓰는 것, 그리고 새로운 아이디어를 탐험하는 것을 좋아한다.

2. She enjoys **swimming, hiking, and spending** time in nature.
그녀는 수영, 하이킹, 그리고 자연에서 시간을 보내는 것을 즐긴다.

3. We appreciate **good food, music, and laughter.**
우리는 맛있는 음식, 음악, 그리고 웃음을 감사히 여긴다.

4. They take pleasure in **challenges, learning, and personal growth.**
그들은 도전, 학습, 그리고 개인적인 성장에서 기쁨을 느낀다.

5. Sarah excels in **academics, sports, and cooking.**
Sarah는 학문, 스포츠, 그리고 요리에서 뛰어나다.

6. Jake finds joy in **painting, traveling, and creating art.**
Jake는 그림 그리기, 여행, 그리고 예술 창작에서 기쁨을 느낀다.

7. The team focuses on **collaboration, innovation, and success.**
팀은 협업, 혁신, 그리고 성공에 중점을 둔다.

8. Olivia juggles **work, family, and pursuing** her hobbies.
Olivia는 일, 가족, 그리고 취미를 추구하는 것을 동시에 하고 있다.

9. The group prioritizes **communication, trust, and understanding.**
그룹은 소통, 신뢰, 그리고 이해를 우선시한다.

✓ Review Test 공부한 내용을 테스트를 통해 복습해보아요.

Ⓐ 다음 퀴즈에 답하시오.

① 영어에서 A, B, C 세가지가 연결되는 기본 방식은? ▶

② 문장이 길어지면 반드시 보이기 마련인 것은? ▶

Ⓑ 다음 문장에서 연결되어 있는 A,B,C를 찾아 표시하시오.

③ My mom, dad, and brother like our home.

④ Jeju-Do has many rocks, women, and beautiful places.

⑤ My friend is rich, good-looking, and smart.

⑥ I hope to love, care about, and marry you.

Ⓒ 다음 문장을 정확히 해석해보시오.

⑦ I hate to fight, steal, and lie in any circumstance. ▶

⑧ Mary stopped smiling, speaking, and being nice. ▶

⑨ My favorite birthday gifts were a cell phone, a laptop computer, and an bluetooth speaker. ▶

⑩ The students started studying English harder, practicing English more, and speaking English better than before. ▶

Answer

① A, B, and C
② 콤마
③ A:mom, B: dad, C:brother
④ A:rocks, B: women, C:beautiful places
⑤ A:rich, B: good-looking, C:smart
⑥ A:love, B: care about, C:marry

⑦ 나는 어떤 상황에서도 싸우거나, 훔치거나, 거짓말하는 것을 싫어한다.
⑧ 메리는 미소 짓고, 말하고, 친절하게 대하는 것을 멈췄다.
⑨ 내가 가장 좋아하는 생일 선물은 휴대폰, 노트북, 그리고 블루투스 스피커였다.
⑩ 그 학생들은 전보다 영어를 더 열심히 공부하고, 영어를 더 많이 연습하고, 영어를 더 잘하기 시작했다.

3강의 목표
동사 다음에 나오는 that에 관해 자신감을 가진다!

3강의 내용
- 영순법 3 : V + that (~을/를, ~라고)

CHAPTER

03

V + that

본격적인 영순법의 시작! '동사 + that' 의 쓰임새에 눈뜨자!

3강 핵심요약강의

큐알코드를 찍으면
핵심 요약강의를 수강하실 수 있습니다.

03 V + that

본격적인 영순법의 시작! '동사 + that' 의 쓰임새에 눈뜨자!

영순법 3
V + that의 용법

> **영순법 3강의 핵심**
>
> 문장이 길어지면 반드시 '접속사'라는 개념이 등장한다. 그리고 우리는 그 접속사를 포함한 특정한 단어의 순서가 도드라지게 보여야 한다.
> 영어문장의 핵심은 단어가 배열되는 순서이고, 이번 과의 핵심 단어 순서는
> <동사 + that> 이다.
> 이때 that 은 '~을/를' 이라는 해석을 붙인다. (물론 예외적으로 맞지 않는 다른 상황도 있다. 그 예외적 상황은 차후 다루도록 한다.)

I think (나는 생각한다.) **+** **Jeff is handsome.** (제프는 잘 생겼다.)

▼

I think that Jeff is handsome.
나는 '제프가 잘 생겼다'라는 것을 생각한다. = 나는 JEFF가 잘 생겼다고 생각한다.

좀 더 길게 써보면

▼

I think that Jeff is the most handsome guy in the world.
나는 제프가 이 세상에서 제일 잘 생겼다고 생각한다.

- ✅ **I think that** Jack is smart.   나는 잭이 똑똑하다고 생각한다.
- ✅ **I think that** he is brave.   나는 그가 용감하다고 생각한다.
- ✅ **I think that** my brother is honest.   나는 내 동생이 정직하다고 생각한다.
- ✅ **I think that** she likes me.   나는 그녀가 나를 좋아한다고 생각한다.
- ✅ **I think that** I am attractive.   나는 내가 매력적이라고 생각한다.

다지기를 통해 확실히 내 것으로 만들자!
영순법 다지기 3

단어들이 모두 똑같은 자격으로 보이면 안된다. 문장의 핵심 뜻을 만들어내는 핵심 단어 배열을 재빨리 눈치채야 한다. 그래야 긴 영어문장 구사력이 생긴다. 이번 강의 핵심 단어 배열 순서는 '동사 + that' 이다!

1   I **think that** she is so beautiful.
나는 그녀가 매우 아름답다고 생각한다.

2   I **think that** Seoul is one of the most beautiful cities in the world.
나는 서울이 세계에서 가장 멋있는 도시중에 하나라고 생각하다.

3   I **think that** you need to study harder.
나는 네가 공부를 더 열심히 해야 할 필요가 있다고 생각한다.

4   I **think that** she needs to control her mind.
나는 그녀가 그녀의 마음을 컨트롤 할 필요가 있다고 생각한다.

5   I **think that** you will come back soon.
나는 네가 곧 돌아올 것이라고 생각한다.

6   I **said that** he is a bad guy.
나는 그가 나쁜 남자라고 말했다.

7   I **said that** you need to clean your room.
나는 네가 네 방을 청소해야 할 필요가 있다고 말했다.

8   She **told** me **that** she loved me so much.
그녀가 나에게 그녀가 나를 너무 사랑했다고 말했다.

9   He **told** me **that** he wanted to go home.
그는 나에게 집에 가고 싶다고 말했다.

10   He didn't **tell** me **that** he went home.
그는 나에게 그가 집에 갔다고 말하지 않았다.

 **영순법 맹연습!**

'누가 나에게 that 이하를 알려줬다' 라는 형식의 문장은 영어에서 참으로 많이 쓰이는 패턴이다. 맹연습하여 반드시 완전히! 내 것으로 만들자. (tell 동사와 that 사이에 me가 끼어든다고 생각하자.)

1 She **told me that** she liked chocolate.
그녀가 나에게 초콜릿을 좋아한다고 말했어.

2 They **told me that** they were going to the movies.
그들이 나에게 영화를 보러 간다고 말했어.

3 He **told me that** he had a busy day at work.
그가 나에게 일이 바빠서 힘들다고 말했어.

4 The teacher **told me that** the exam was postponed.
선생님이 나에게 시험이 연기되었다고 말했어.

5 I **told her that** I couldn't make it to the party.
나는 그녀에게 파티에 참석할 수 없다고 말했어.

6 They **told me that** they had a great time on their vacation.
그들이 나에게 휴가 동안 즐거운 시간을 보냈다고 말했어.

7 She **told me that** she was feeling unwell.
그녀가 나에게 몸이 좋지 않다고 말했어.

8 He **told me that** he forgot to buy groceries.
그는 나에게 식료품 사는 것을 잊었다고 말했다.

9 The manager **told me that** the meeting was canceled.
매니저가 나에게 회의가 취소되었다고 말했어.

10 We **told him that** we would help with the project.
우리가 프로젝트를 도울 것이라고 그에게 말했어.

 **Review Test** 공부한 내용을 테스트를 통해 복습해보아요.

A 다음 퀴즈에 답하시오.

① 영어라는 언어의 핵심은? ▶

② 동사 다음의 that의 해석 요령은? ▶

B 영어단어의 순서를 배열하시오.

③ believe I can I that fly
나는 내가 날 수 있다는 것을 믿는다.

④ your mother me sick that yesterday were told you
너의 어머니는 나에게 네가 어제 아팠다라는 것을 말해주셨다.

⑤ Kevin knows loves that his girlfriend his friend
케빈은 그의 친구가 그의 여자친구를 사랑하는 것을 알았다.

⑥ Nick wishes he that could up grow faster
닉은 그가 더 빨리 성장할 것이라는 사실을 소망한다.

C 다음 문장을 정확히 해석해보시오.

⑦ Lincoln dreamed that he could free the slaves.

⑧ Paul says that one day he will become a musician.

⑨ Liam told Noel that his guitar skills were poor.

⑩ Max told his sister that her room was unclean.

Answer

① 단어순서(어순)
② that이하를, that이하라고
③ I believe that I can fly.
④ Your mother told me that you were sick yesterday.
⑤ Kevin knows that his friend loves his girlfriend.
⑥ Nick wishes that he could grow up faster.
⑦ 링컨은 그가 노예들을 해방시킬 수 있을 것이라고 꿈꿨다.
⑧ 폴은 그가 언젠가 음악인이 될 것이라고 말했다.
⑨ 리암은 노엘에게 그의 기타기술이 형편없다고 말했다.
⑩ 맥스는 그의 여동생에게 그녀의 방이 더럽다고 말했다.

**You are never too old to set
another goal or
to dream a new dream.**

– C.S. Lewis –

새로운 목표를 세우거나 새로운 꿈을 꾸기에
나이는 결코 많지 않다.

4강의 목표
영어문장이 길어지는 중요원리를 깨닫고 두 문장 연결에 자신감을 가진다!

4강의 내용
- 영순법 4-1 : S + V 접 S + V (접속사 기본, 접속사가 문장 사이에 오는 경우)
- 영순법 4-2 : 접 S + V, S + V (접속사가 문장 맨 앞에 나오는 경우)

접속사

영어문장을 길어지는 만드는 '주범'을 잡자!

4강 핵심요약강의

큐알코드를 찍으면
핵심 요약강의를 수강하실 수 있습니다.

04 접속사

영어 문장을 길어지게 만드는 '주범'을 잡자!

영순법 4-1
S+V 접 S+V (접속사 기본, 접속사가 문장 사이에 오는 경우)

영순법 4-1강의 핵심

문장에서 '주어+동사'의 관계가 두 개가 보이면 '주어+동사' 덩어리들 사이에 반드시 접속사 개념이 등장한다. 적절한 접속사를 꺼내 쓸 수 있는 센스가 필요하다. 그래야 짧은 초보적인 영어에 그치지 않는 세련된 영어로 나아 갈 수 있다.

S + V   접   S + V

, and (그리고)
, but (그러나)
, or (그렇지 않으면)
, so (그래서)
, for (왜냐하면)

여기서 잠깐!
왼편 다섯개의 접속사를 영문법에서는 '등위접속사'로 칭하며 보통 그 앞에는 콤마를 쳐 주는 것이 원칙이다. 단, 현대 영어에서는 콤마를 생략하여 쓰기도 한다. (단, for(왜냐하면)는 그 앞에 반드시 콤마를 쓴다. 생략하지 않는다.)

She left me.
그녀는 나를 떠나갔다.

+

I am sad.
나는 슬프다.

▼

She left me, so I am sad.
그녀가 나를 떠나가서 나는 슬프다.

위 문장을 좀 더 길게 써보자!

> **She left me yesterday, so I am very sad.**
> 그녀가 어제 나를 떠나가서 나는 매우 슬프다.

- ✅ I left her, **so** I am sad.
  나는 그녀를 떠났다, 그래서 나는 슬프다.

- ✅ I made dinner, **so** I am very tired.
  나는 저녁을 만들었다, 그래서 나는 매우 피곤하다.

- ✅ I got an A for the test, **so** I am proud of myself.
  나는 시험으로 A를 받았다, 그래서 나는 내 자신이 매우 자랑스럽다.

\# 아래 문장은 접속사 so를 넣으면 어색한 의미의 문장이 된다. 문맥상 적절한 접속사 but 을 넣으면 문장이 매끄럽게 연결된다.

- ✅ I want to buy new computer, **but** I don't have money to buy.
  나는 새로운 컴퓨터를 사고 싶다, 하지만 나는 살 돈이 없다.

🖊 English Proverb
삶의 지혜를 주는

Every cloud has a silver lining.
모든 구름에는 은빛 테두리가 있다.

어떤 나쁜 일에도 좋은 점은 있다는 의미! 어려움이나 시련 속에서도 긍정적인 면을 찾으려 노력해 봅시다.

영순법 다지기 4-1

다지기를 통해 확실히 내 것으로 만들자!

문맥에 따라 적절한 접속사를 떠올리며 문장과 문장을 이어보도록 하자.

1 I tried to pass the exam, **but** I failed in the end.
(나는 시험에 통과하려고 했으나 결국엔 실패했다.

2 Work hard **or** you will fail.
열심히 일하지 않으면 당신은 실패할 것이다.

3 I like Jeff, **for** he is very kind.
나는 JEFF를 좋아한다. 왜냐하면 그는 친절하기 때문이다.

4 She is beautiful, **and** I am handsome.
그녀는 아름답고 나는 잘 생겼다.

5 I failed the exam, **so** I will need to study harder next time.
나는 시험에 떨어져서 다음에 더 열심히 공부할 필요가 있다.

6 I got into a car accident, **so** I have to repair my car.
나는 차 사고가 나서 내 차를 수리해야만 한다.

7 They plan to go to the U.S., **so** they have to learn speaking English.
그들은 미국에 갈 예정이라서 영어 말하는 것을 배워야 한다.

8 She broke up with her boyfriend, **so** she needs to talk with her friends.
그녀는 그녀의 남자친구와 헤어져서 그녀의 친구들과 얘기할 필요가 있다.

9 I need to wake up early, **so** I asked my roommates to wake me up.
나는 일찍 일어나야 한다, 그래서 나는 내 룸메이트에게 깨워달라고 부탁했다.

10 Jack was embarrassed for the situation, **but** soon he got over it.
잭은 이 상황에 당황했다, 하지만 그는 곧 극복했다.

영순법 4-2
접 S+V, S+V

영순법 4-2강의 핵심

문장에서 '주어+동사' 덩어리가 두 개가 보일 때 문장의 맨 앞에 접속사를 쓸 수도 있다. 그리고 이때는 반드시 두 번째 '주어+동사'가 등장하기 전에 반드시 콤마를 써야 한다. 해석을 할 때는 반드시 이 콤마에서 확! 끊어 읽는 센스가 있어야 한다.
이 스킬은 긴 문장 해석에 있어 매우 중요하다.

접 S+V , S+V

Because (~때문에)
As (~때문에, ~할 때, ~함에 따라)
If (만약 ~라면)
When (~할 때)
Although (비록 ~일지라도)

여기서 잠깐!
하지만, 애석하게도 두 번째 '주어+동사' 앞에 콤마를 쓰지 않고 문장을 쓰는 못된 경우도 종종 있다. 문장의 의미를 한눈에 잘 전달하기 위해서는 두번째 '주어+동사'에 콤마를 써 주는 것이 좋다. 하지만, 없는 경우도 있다는 것을 염두에 두고, 콤마가 있다고 생각하고 확! 끊어 읽는다. 그래야 문장이 한눈에 잘 보인다.

접 She left me. + I am sad.
그녀는 나를 떠나갔다   나는 슬프다.

▼

Because she left me, I am sad.
그녀가 나를 떠나갔기 때문에 나는 슬프다.

위 문장을 좀 더 길게 써보자!

Because she left me suddenly, I am very sad.

그녀가 나를 갑자기 떠나갔기 때문에 나는 매우 슬프다.

- ✅ **Because** I woke up late, I had to run to school.
  내가 늦게 일어났기 **때문에** 나는 학교에 뛰어가야 했다.
- ✅ **Because** she loved me so much, I wanted to marry her.
  그녀가 나를 너무 좋아했기 **때문에** 나는 그녀와 결혼하기를 원했다.
- ✅ **Because** we are friends, we don't lend money to maintain good friendship.
  우리가 친구이기 **때문에** 우리는 좋은 친구관계를 유지하기 위해 돈을 빌려주지 않는다.

다지기를 통해 확실히 내 것으로 만들자!

다양한 접속사를 써서 문장을 길게 만들 수 있는 능력은 영어에서 초보와 초보가 아닌 사람을 가르는 결정적인 감각이 된다. 명연습을 통해 반드시 내 것으로 확실히 만들자!

1. **Because** he studies hard, he will go to a college.
   그는 열심히 공부하기 때문에 그는 대학에 갈 것이다.

2. **Because** I am not good at speaking English, I plan to study in the U.S.
   나는 영어 말하기를 잘하지 못하기 때문에 미국에 가서 공부할 예정이다.

3. **As** I have no money, I can't buy the car.
   내가 돈이 없으므로 차를 살 수 없다.

4. **If** you want to succeed, you must study hard.
   만약 네가 성공하고 싶다면 너는 공부를 열심히 해야 한다.

5. **When** I was 17, I read a good book.
   내가 17살이였을 때 나는 좋은 책을 읽었다.

6. **When** I was young, there was an amazing publication.
   내가 젊었을 때 놀라운 책을 알고 있었다.

7. **Because** you are nothing, you can become anything.
   넌 아무것도 아니기 때문에 넌 무엇이든 될 수 있다.

8. **Although** you are nothing, you can become anything.
   비록 넌 아무것도 아니지만 넌 무엇이든 될 수 있다.

영순법 맹연습!

다양한 접속사를 써서 문장을 길게 만들 수 있는 능력은 영어에서 초보와 초보가 아닌 사람을 가르는 결정적인 감각이 된다. 명연습을 통해 반드시 내 것으로 확실히 만들자!

1. **Since** he works hard, he can succeed a lot.
   그가 열심히 노력하기 때문에 많이 성공할 수 있어.

2. **While** she's young, she can learn a lot of new stuff.
   그녀는 어리지만, 많은 새로운 것들을 배울 수 있어.

3. **Because** it's flexible, it can adjust to different situations.
   유연하기 때문에 다양한 상황에 적응할 수 있어.

4. **Even though** it's small, it can make a big impact.
   비록 그것은 작지만, 큰 영향을 줄 수 있어.

5. **Since** he's creative, he can come up with cool ideas.
   그는 창의적이기 때문에 멋진 아이디어를 생각해낼 수 있어.

6. **Although** it looks ordinary, it can bring extraordinary results.
   평범하게 보일지라도, 비범한 결과를 가져올 수 있어.

7. **While it** seems complicated, it can be simplified.
   복잡해 보이지만, 간단하게 만들 수 있어.

8. **Because** it's adaptable, it can change with different situations.
   적응력이 뛰어나기 때문에 다양한 상황에 맞춰 변할 수 있어.

9. **As** it's versatile, it can be used for many things.
   다재다능하기 때문에 여러 목적에 사용될 수 있어.

10. **Since** she's persistent, she can get through obstacles.
    그녀는 끈기 있기 때문에 장애물을 극복할 수 있어.

11. **Although** it might seem unimportant, it can have a big effect.
    사소해 보일지라도, 큰 영향을 미칠 수 있어.

12. **While** it seems routine, it can lead to amazing outcomes.
    일상적으로 보일지라도, 놀라운 결과를 가져올 수 있어.

Review Test
공부한 내용을 테스트를 통해 복습해보아요.

A 다음 퀴즈에 답하시오.

① '주어+동사'가 두개가 보일 때 반드시 필요한 것? ▶

② 고등어를 잘라 요리해야 하듯이 긴 문장을 어떻게 할 줄 알아야 하는가? ▶

B 영어단어의 순서를 배열하시오.

③ He ate apple a he is , so rotten very ill
그는 썩은 사과를 먹어서 그는 매우 아프다.

④ His mother is , she old is very but still pretty
그의 어머니는 매우 나이가 드셨지만 그녀는 여전히 예쁘시다.

⑤ He ordered he small so size mistake , by a lose needs to weight
그는 실수로 작은 사이즈를 주문해서 그는 살을 뺄 필요가 있다.

⑥ since Billy very tall became , he is basketball a player
빌리는 매우 키가 크기 때문에 농구선수가 되었다.

C 다음 문장을 정확히 해석해보시오.

⑦ Although Eric is not left-handed, he received a left-handed tennis racket.

⑧ If John arrives here at six, we will depart together.

⑨ When she arrives at her home, we are going to throw her a surprise party.

Answer

① 접속사
② 끊어 읽을 줄 알아야 한다.
③ He ate a rotten apple, so he is very ill.
④ His mother is very old, but she is still pretty.
⑤ He ordered a small size by mistake, so he needs to lose weight.
⑥ Since Billy is very tall, he became a basketball player.
⑦ 에릭은 왼손잡이가 아니지만 그는 왼손잡이 테니스 라켓을 받았다.
⑧ 만약 존이 여섯 시에 온다면 함께 출발할 것이다.
⑨ 그녀가 그녀의 집에 도착할 때, 우리는 그녀에게 깜짝파티를 열어줄 예정이다.

📍 5강의 목표
영어문장이 길어지는 중요원리를 깨닫고 두 문장 연결에 자신감을 가진다!

📍 5강의 내용
- 영순법 5-1 : so~ that⋯ (so 와 that 이 떨어져 있을 때)
- 영순법 5-2 : so that ~ (so 와 that 이 붙어 있을 때)

CHAPTER
05

so와 that

so와 that은 절친관계다!

5강 핵심요약강의

큐알코드를 찍으면
핵심 요약강의를 수강하실 수 있습니다.

05 so와 that

so와 that은 절친관계다!

영순법 5-1
so ~ that … (so와 that이 떨어져 있을 때)

영순법 5-1강의 핵심

영어에서 so와 that은 너무나 친한 관계이다.
문장에서 so를 만나면 그의 BEST 친구인 that이 보이지 않는가 잘 살펴보아야 한다.
이 문형은 영어에서 자주 만나는 아주 중요한 파트이고, 이 표현을 써서 많은 영어문장을 만들어 낼 수 있다. 또한 시험 영어에서도 매우 중요한 포인트가 되니 잘 기억해두도록 하자.
중요한 포인트는 so와 that이 보이긴 보이되 <u>그 사이에 훼방꾼(보통 형용사나 부사 따위)가 있어 so와 that은 반드시 떨어져 있어야 한다는 점이다.</u>
이 때 so는 '**너무**'라는 뜻, that은 '**그 결과**' 라는 뜻이 떠올라야 한다. 아래 예문들을 보고 완전히 내 것으로 만들어보자!

so ~ that …
너무 ~ 해서   그 결과 … 하다

He is kind.
그는 친절하다.

Everybody likes him.
모두가 그를 좋아한다.

▼

He is **so** kind **that** everybody likes him.
그는 너무 친절해서 모두가 그를 좋아한다.

위 문장을 좀 더 길게 써보자!

▼

Jeff is so kind that everyone in the class likes him.
그녀가 나를 갑자기 떠나갔기 때문에 나는 매우 슬프다.

- ✅ He is **so** honest **that** everyone loves him.
  그는 너무 정직해서 모두가 그를 사랑한다.
- ✅ He is **so** smart **that** every teacher likes him.
  그는 너무 똑똑해서 모든 선생님들이 그를 좋아한다.
- ✅ He is **so** kind **that** everyone wants to be his friend.
  그는 너무 친절해서 모든 이들이 그의 친구가 되고 싶어한다.

다지기를 통해 확실히 내 것으로 만들자!
영순법 다지기 5-1

so와 that에 집중하자. 둘이 붙어있지 않다. 둘 사이에 훼방꾼이 있고, so와 that이 떨어져있다.
so와 that 의 의미에 집중해서 다음 문장들을 더 연습해보자.

1 The kid is **so** cute **that** everyone likes her.
그 아이는 너무 귀여워서 모두가 그 아이를 좋아한다.

2 The man is **so** rich **that** he can buy a luxury car.
그 남자는 정말 부자이기 때문에 럭셔리한 차를 살 수 있다.

3 This car is **so** expensive **that** I cannot buy it.
이 차는 너무 비싸서 나는 그것을 살 수 없다.

4 Jeff is **so** strong **that** he can lift that heavy stone.
제프는 너무 힘이 세서 그는 저 무거운 돌을 들어 올릴 수 있다.

5 She is **so** beautiful **that** I can't help loving her.
그녀는 너무 아름다워서 나는 그녀를 사랑할 수 밖에 없다.

6 The exam was **so** hard **that** most students failed.
그 시험은 너무 어려워서 대부분의 학생들이 시험에 떨어졌다.

7 She is **so** mean **that** she doesn't have any friends.
그녀는 너무 나빠서 친구가 아무도 없다.

영순법 5-2
so that ~ (so와 that이 붙어 있을 때)

영순법 5-2강의 핵심

이번엔 so와 that사이에 훼방꾼이 없다. 오직 둘이 사이좋게 붙어있다.
이때는 <u>so that을 한 덩어리로 인식하고 '~하기 위해서' 라는 해석법이 떠올라야 한다.</u>
다시 한번 강조한다. 영어의 핵심은 단어가 배열되는 순서이고, **만약 so와 that이 붙어 있도록 배열되었다면** 다른 뜻은 다 잊고 오직 '~하기 위해서' 라는 해석만이 떠올라야 **한다.** 그래야 영어가 된다.

so   that~
~하기 위해서

Study English.
영어를 공부해라.

You can succeed.
너는 성공할 수 있다.

Study English so that you can succeed.
네가 성공하기 위해 영어를 공부해라.

위 문장을 좀 더 길게 써보자!

We should study English hard so that we can succeed.
우리는 성공하기 위해서 영어를 열심히 공부해야만 한다.

☑ We should buy a new camera **so that** we can take a picture.
우리는 사진을 찍기 위해서 새로운 카메라를 사야 한다.

☑ We need to study hard **so that** we can get good grade.
우리는 좋은 성적을 받기 위해서 열심히 공부해야 한다.

☑ I cannot drink **so that** I can drive home.
나는 집까지 운전하기 위해서 술을 마실 수 없다.

☑ I must learn new language **so that** I can travel around.
나는 여행하고 돌아다니기 위해서 새로운 언어를 배워야 한다.

☑ He bought an expensive watch **so that** he can boast about it.
그는 자랑하기 위해서 비싼 시계를 샀다.

다지기를 통해 확실히 내 것으로 만들자!
영순법 다지기 5-2

so that 사이에 아무것도 없이 붙어 있다면 해석은 '~하기 위해서' 이다. so라는 단어와 that이라는 단어가 가지고 있는 기본적인 뜻은 잊기로 한다!

1 I need to go to Seoul **so that** I can see her.
나는 그녀를 만나기 위해서 서울에 가야만 한다.

2 I bought a big car **so that** I can carry many things.
나는 많은 것들을 운반하기 위해 큰 차를 구입했다.

3 I read a newspaper every day **so that** I can learn recent news.
나는 최신 뉴스를 알기 위해서 신문을 매일 읽는다.

4 I take a driving lesson **so that** I can drive.
나는 내가 운전을 하기 위해 운전연수를 받는다.

5 I have to meet Jeff **so that** I can learn English.
나는 내가 영어를 배우기 위해 제프를 만나야 한다.

6 I need to study harder **so that** I can go to law school.
나는 법대에 가기 위해 더 열심히 공부할 필요가 있다.

7 I go to hospitals **so that** I can volunteer.
나는 봉사하기 위해 병원에 간다.

8 I want to go to the restaurant **so that** I can try good food.
나는 맛있는 음식을 먹어보기 위해 그 식당에 가기를 원한다.

9 I will not go to work tomorrow **so that** I must take some rest.
나는 좀 쉬기 위해 내일 직장에 가지 않을 것이다.

Watch Out 다음 내용에 유의하자!

,so that~
그래서~

so that 사이에 훼방꾼은 없지만 **so와 that사이에 콤마가 있을 때가 있다.** 이때는 **'그래서'** 라는 해석을 떠올려야 한다. (마치, so만 있다고 생각해야 한다.) 영어에서 콤마는 매우 중요하다!

- ✅ There will be an exam tomorrow, **so** that I am nervous.
  내일 시험이 하나 있을 것이다. 그래서 나는 긴장하고 있다.

- ✅ I am going to be married soon, **so** that I am happy.
  나는 곧 결혼을 할 것이다. 그래서 나는 행복하다.

- ✅ I have an exam tomorrow in the morning, **so** that I won't sleep tonight.
  나는 내일 아침 시험이 있다. 그래서 오늘 밤에 잠을 자지 않을 것이다.

삶의 지혜를 주는
🖊 English Proverb

Honesty is the best policy.
정직이 최선의 방책이다.

정직이 가장 좋은 방책이라는 의미! 정직하게 행동하는 것이 결국 가장 좋은 결과를 가져온다는 사실을 잊지 맙시다!

영순법 맹연습!

#01: so와 that은 영어에서 정말 중요한 단어이다. 고급 영어로 가기 위해 반드시 완전히 내 것으로 만들자! so와 that이 떨어져 있는 다음 문장들을 맹연습해보자!

1. She is **so** talented **that** everyone admires her.
   그녀는 너무 재능 있어서 모두가 그를 존경해.

2. He is **so** funny **that** everyone laughs when he talks.
   그는 너무 웃기기 때문에 그가 말할 때 모두가 웃어.

3. The weather is **so** hot **that** we all want to go to the beach.
   날씨가 너무 더워서 우리는 모두 해변에 가고 싶어.

4. The movie was **so** interesting **that** everyone stayed until the end.
   영화가 너무 재미있어서 모두가 끝까지 머물렀어.

5. The cake is **so** delicious **that** everyone wants another piece.
   케이크가 너무 맛있어서 모두가 또 다른 조각을 원해.

6. She is **so** smart **that** she can teach complicated things easily.
   그녀는 너무 똑똑해서 복잡한 것도 쉽게 가르칠 수 있어.

#02: 다음은 so that이 붙어 있을 때의 경우이다. 마찬가지로 너무나 중요하다. 반드시 내 것으로 만들자!

1. I wear a warm coat so **that** I can stay cozy in the winter.
   겨울에 편안하게 지내기 위해 나는 따뜻한 코트를 입어요.

2. She studies hard **so that** she can get good grades.
   그녀는 좋은 성적을 받기 위해 열심히 공부해요.

3. He exercises regularly **so that** he can stay healthy.
   건강을 유지하기 위해 그는 규칙적으로 운동해요.

4. I save money every month **so that** I can go on a nice vacation.
   멋진 휴가를 가기 위해 나는 매달 돈을 저축해요.

5. They clean the house daily **so that** it stays neat and tidy.
   집이 깔끔하게 유지되기 위해 그들은 매일 집을 청소해요.

6. We set alarms in the morning **so that** we can wake up on time.
   제때에 일어나기 위해 우리는 아침에 알람을 맞춰요.

Review Test
공부한 내용을 테스트를 통해 복습해보아요.

A 다음 퀴즈에 답하시오.

① 영어에서 so라는 단어의 절친은? ▶

② so와 that 중간에 방해꾼 없이 붙어 있을 때 어떤 해석? ▶

B 영어단어의 순서를 배열하시오.

③ I　have　to　so　allowance　my　that　save　I　can　go　to　Oasis's　concert

나는 오아시스 콘서트에 가기 위해 용돈을 모아야 한다.

④ I　take　vocal　lessons　from　Beyonce　great　become　so　can　a　that　singer　I

나는 위대한 가수가 되기 위해 비욘세로부터 보컬레슨을 받는다.

⑤ Brad's　car　is　town　unique　in　that　knows　everyone　so　his　car

브래드의 차는 너무 독특해서 마을에 있는 모든 사람들이 그의 차를 안다.

⑥ Peter　is　challenges　no　that　so　one　fast　him　to　a　race

피터는 너무나 빨라서 아무도 그에게 경주에서 도전하려 하지 않는다.

C 다음 문장을 정확히 해석해보시오.

⑦ Matthew's teacher is so strict that he and his friends don't dare to talk in class.

⑧ My biology class is so difficult that I have to study hard to pass the test.

⑨ He has to avoid Mrs. Kim so that he can skip her punishment.

Answer

① that
② ~하기 위해서
③ I have to save my allowance so that I can go to Oasis's concert.
④ I take vocal lessons from Beyonce so that I can become a great singer.
⑤ Brad's car is so unique that everyone in town knows his car.
⑥ Peter is so fast that no one challenges him to a race.
⑦ 매튜의 선생님은 너무나 엄격하셔서 그와 그의 친구들은 감히 수업시간에 말할 수 없다.
⑧ 나의 생물학 수업은 너무나 어려워서 나는 테스트에 통과하기 위하여 열심히 공부해야만 한다.
⑨ 그는 미세스 김의 벌을 피하기 위해 피해 다녀야 한다.

6강의 목표
that과 and를 써서 길고 세련된 문장을 만드는 데 자신감을 가진다!

6강의 내용
- 영순법 6 : V that A and B

CHAPTER 06

V that A and B

that과 and를 써서 말을 길게 하는 영미인의 세련된 영어로의 진입!

6강 핵심요약강의

큐알코드를 찍으면
핵심 요약강의를 수강하실 수 있습니다.

06 V that A and B

that과 and를 써서 말을 길게 하는 영미인의 세련된 영어로의 진입!

영순법 6
V that A and B

 영순법 6강의 핵심

앞선 강의에서 '동사+that'의 단어배열을 기억하는가?
그리고 영어에서 두 개가 연결될 때 A and B를 쓴다는 것을 기억하는가?
그럼, 이번과 내용은 어렵지 않다. **아래의 단어순서에 주목하라.** 영미인들이 매우 많이 쓰는 패턴의 문장이다.
이 구조에 눈을 뜬 다면 당신도 이제 **영어고급자의 길로 성큼 성큼 걸어 들어가고 있다.**
할 수 있다! 아자!

that 앞에서 끊고 A and B 를 한덩어리로 묶는다

| I think. | Jeff is handsome. | Jeff is kind. |
| 나는 생각한다. | 제프는 잘생겼다. | 제프는 친절하다. |

▼

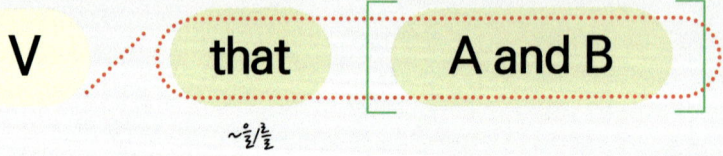

나는 제프가 잘생기고 친절하다고 생각한다.

위 문장을 좀 더 길게 써보자!

▼

I think that Jeff is a really handsome guy and a kind man.
나는 제프가 정말 잘생기고 친절한 남자라고 생각한다.

- ✅ I **think that** I am **smart** and **clever**.
  나는 내가 똑똑하고 명석하다고 생각한다.
- ✅ I **think that** Seoul is **big** and **beautiful** city.
  나는 서울이 크고 아름다운 도시라고 생각한다.
- ✅ I **think that** Jack is **brave** and **handsome** guy.
  나는 잭이 용감하고 잘생긴 남자라고 생각한다.
- ✅ I **think that** he really likes **coffee** and **donut**.
  나는 그가 커피와 도넛을 정말 좋아한다고 생각한다.
- ✅ I **think that** Jack is very good at **soccer** and **basketball**.
  나는 잭이 축구와 농구를 정말 잘한다고 생각한다.

삶의 지혜를 주는
✏️ **English Proverb**

The grass is always greener on the other side.

남의 떡이 더 커 보인다.

다른 사람의 상황이나 소유물이 항상 더 좋아 보이는 것이 우리의 마음! 실제로는 우리가 가진 것이 훨씬 더 소중하고 행복할 수 있어요~

영순법 다지기 6
다지기를 통해 확실히 내 것으로 만들자!

'동사 + that A and B' 의 구조를 찾아낼 수 있어야 한다.
그래야 구조가 제대로 보이면서 영어문장을 만들어내는 혹은 읽어낼 수 있는 힘이 생긴다.
때때로 동사와 that 사이에 훼방꾼들이 다소 많이 올 수도 있다. 신경 쓰지 마라.
그 훼방꾼들을 무시하고 핵심 단어 순서만 보이면 영어문장이 이해가 쏙쏙 된다. 할 수 있다! 아자!

1. I **think that** she is very **smart** and **nice**.
   나는 그녀가 똑똑하고 착하다고 생각한다.

2. I **think that** he is **smart** and **cool** guy.
   나는 그가 똑똑하고 쿨하다고 생각한다.

3. My friend **thinks that** our teacher is so **smart** and **handsome**.
   내 친구는 우리 선생님이 너무 똑똑하고 잘 생겼다고 생각한다.

4. He said **that** he didn't eat **meat** and **rice**.
   그는 그가 고기와 밥을 먹지 않는다고 말했다.

5. I hope **that** my brother **goes** to college and **studies** hard.
   나는 내 동생이 대학교에 가고 공부를 열심히 하기를 희망한다.

6. Tom **told me** that English is an **easy** and **interesting** language.
   톰은 나에게 영어는 쉽고 흥미로운 언어라고 말했다.

7. Jeff **told me** that I must **study** English and **go** abroad.
   제프는 나에게 영어 공부를 하고 외국으로 나가야 한다고 말했다.

8. Jeff **told me that** English is an **easy** and **interesting** language.
   제프는 나에게 영어는 쉽고 흥미 있는 언어라고 말했다.

'동사 that A and B'의 구조에 눈 뜨는 순간! 긴 문장 영어가 전혀 두렵지 않게 된다. 할 수 있다! 아자!

1. I believe **that** I understand **science and math** very well.
나는 과학과 수학을 아주 잘 이해한다고 믿어.

2. She thinks **that** she can **sing and dance** gracefully.
그녀는 노래하고 춤추는 것을 우아하게 할 수 있다고 생각해.

3. He knows **that** she can **cook** delicious meals **and bake** tasty desserts.
그는 그녀가 맛있는 음식을 요리하고 맛있는 디저트를 굽는 것을 알고 있다.

4. We understand **that** we need to **work** hard **and stay focused** to succeed.
우리는 성공하기 위해 열심히 일하고 집중해야 한다는 것을 이해한다.

5. They believe **that** they can **learn and master** new skills quickly.
그들은 새로운 기술을 빨리 배우고 숙달할 수 있다고 믿는다.

6. I am confident **that** I can **solve** problems **and find** creative solutions.
나는 문제를 해결하고 창의적인 해결책을 찾을 수 있다고 자신한다.

7. She thinks **that** she can **communicate** effectively **and express** her ideas clearly.
그녀는 효과적으로 의사 소통하고 아이디어를 명확하게 표현할 수 있다고 생각해.

8. He believes **that** he can **manage** his time well and **prioritize** important tasks.
그는 시간을 잘 관리하고 중요한 일을 우선시할 수 있다고 믿어.

9. We know **that** we can **adapt** to new situations **and handle** challenges.
우리는 새로운 상황에 적응하고 도전에 대처할 수 있다라는 것을 알고 있다.

10. They are sure **that** they can **work** collaboratively **and achieve** common goals.
그들은 협력하여 공통의 목표를 달성할 수 있다고 확신한다.

11. I understand **that** Tom should **listen** attentively **and learn** from others.
나는 톰이 주의 깊게 듣고 다른 사람들로부터 배워야 한다는 것을 이해한다.

12. She believes **that** she can **manage** stress effectively **and stay** calm under pressure.
그녀는 그녀가 스트레스를 효과적으로 관리하고 압박 속에서 차분하게 있을 수 있다고 믿어.

Review Test
공부한 내용을 테스트를 통해 복습해보아요.

A 다음 퀴즈에 답하시오.

① 동사 다음의 that의 해석 요령? ▶
② 영어에서 A와 B가 연결되는 기본 방식? ▶

B 영어단어의 순서를 배열하시오.

③ They and should pray that Sally think for them wait
그들은 샐리가 기다리고 그들을 위해 기도해야만 한다고 생각한다.

④ He thinks pretty his too and is shy that girlfriend.
그는 그의 여자친구가 너무나 예쁘고 수줍은 성격이라고 생각한다.

⑤ John that brother he lazy should told go to a gym and get a job his
존은 그의 게으른 동생에게 체육관에 가고 일자리를 얻으라고 말했다.

⑥ She he Jeff that accept told should this offer and accomplish his dream.
그녀는 제프에게 그는 이 제안을 받아들이고 그의 꿈을 이뤄야만 한다고 말했다.

C 다음 문장을 정확히 해석해보시오.

⑦ Sally told her boyfriend that he is too inconsiderate and doesn't contact him often.
⑧ Michael told his girlfriend that he will go abroad and study harder.
⑨ His mother always screams at her son that he needs to study more and play less.

Answer

① that이하를, that이하라고
② A and B
③ They think that Sally should wait and pray for them.
④ He thinks that his girlfriend is too pretty and shy.
⑤ John told his lazy brother that he should go to a gym and get a job.
⑥ She told Jeff that he should accept this offer and accomplish his dream.
⑦ 샐리는 그녀의 남자친구에게 그는 너무나 경솔하고 자주 연락하지 않는다고 말했다.
⑧ 마이클은 여자친구에게 해외로 가서 더 열심히 공부할 것이라고 말했다.
⑨ 그의 어머니는 항상 그녀의 아들에게 그가 더 열심히 공부하고 덜 놀 필요가 있다고 소리쳤다.

7강의 목표
that과 and를 써서 길고 세련된 문장을 만드는데 더욱 자신감을 가진다!

7강의 내용
- 영순법 7 : V that A, B, and C

V that A, B, and C

6강에 이어 더욱 세련된 영어로의 진입!

7강 핵심요약강의

큐알코드를 찍으면
핵심 요약강의를 수강하실 수 있습니다.

07　V that A, B, and C

6강에 이어 더욱 세련된 영어로의 진입.

영순법 7
V that A, B, and C

영순법 7강의 핵심

영순법 7강의 내용은 영미인들이 많이 구사하는 세련된 영어 파트다. **일단 동사 뒤에 that을 던진다. 그리고 나서 that 안에서 세 가지를 연결시킴으로 문장을 길게 만든다.**
한 문장에 많은 정보를 담아 약간은 지루한 면도 있다.
하지만 이 문장 구조에 눈 뜨는 순간 당신은 긴 영어 문장에 자신감이 생긴다.
때로는 글을 길게 써서 자신의 필력을 뽐내는 사람들이 있다. 그 사람들의 글을 내 것으로 완전히 만드는 자신감을 가져보자! You can do it with JEFF!

V / that [A, B, and C]
　　　～을/를

that 앞에서 끊고 A, B, and C를 한덩어리로 묶는다.

They said (그들은 말했다.)

너는 영리하다.　You are clever.　(A)
너는 부지런하다.　You are diligent.　(B)
너는 친절하다.　You are kind.　(C)

They said　That　You are clever,
　　　　　　　　　You are diligent, and
　　　　　　　　　You are kind.

▼

They **said that** you are **clever**, **diligent**, **and kind**.
　　　　　　　　　　　　　　A　　　　B　　　　　C

그들은 네가 영리하고 부지런하고 친절하다고 말했다.

조금 더 길게 말해보면,
▼

They said that you are so clever, very diligent, and extremely kind.
그들은 네가 너무 영리하고 매우 부지런하고 정말 친절하다고 말했다.

아래 문장들에서 굵게 표시된 핵심단어들이 두둥실 떠올라야 한다. 그래야 영어문장이 이해가 쏙쏙 된다!

- ☑ They **said that** I am **smart, handsome,** and **nice.**
  그들은 내가 똑똑하고 잘생기고 멋지다고 했다.
- ☑ They **said that** I need to go **Busan, Seoul,** and **Incheon.**
  그들은 내가 부산, 서울, 그리고 인천에 가야 한다고 했다.
- ☑ They **said that** He can speak **Korean, English,** and **Chinese.**
  그들은 그가 한국어, 영어, 중국어를 할 수 있다고 했다.

삶의 지혜를 주는 ✏️ English Proverb

Don't judge a book by its cover.
겉모습만 보고 판단하지 마라.

겉모습만 보고 판단하지 말라는 의미! 어떤 사람이나 사물의 진정한 가치를 알기 위해서는 겉모습이 아니라 그 내면을 보는 것이 중요하겠죠?

영순법 다지기 7

동사 뒤에 that을 썼음을 재빨리 알아차리고, that 안에서 연결되는 세 가지를 찾아낼 수 있다면 영어문장이 그리 어렵지 않게 느껴질 것이다!

1 She **thinks that** he is a **bad, unkind,** and **stupid** person.
그녀는 그가 나쁘고, 불친절하고, 어리석은 사람이라고 생각한다.

2 I **think that** his room is **small, unorganized,** and **dirty.**
나는 그의 방이 작고, 정리정돈이 안되어 있고, 더럽다고 생각한다.

3 My older brother **thinks that** my friend is **pretty, smart,** and **rich.**
내 오빠는 내 친구가 예쁘고 똑똑하고 부자라고 생각한다.

4 He **says that** I need to **study** English, **travel** abroad, and **enjoy** my life.
그는 내가 영어를 공부하고, 외국으로 여행가고, 내 인생을 즐겨야 한다고 말했다.

5 My classmates **think that** our teacher is **kind, smart,** and **handsome.**
나의 같은 반 친구들은 우리 선생님이 친절하고 똑똑하고 잘 생겼다고 생각한다.

6 I **think that** we are so **responsible, outgoing,** and **honest.**
나는 우리가 매우 책임감 있고 외향적이고 정직하다고 생각한다.

7 He **said that** his job is so **difficult, boring,** and **futureless.**
그는 그의 직업이 너무 어렵고 지루하고 장래성 없다고 말했다.

8 He **said that** I needed to **study** English, **travel** abroad, and **enjoy** my life.
그는 내가 영어를 공부하고, 외국으로 여행가고, 인생을 즐길 필요가 있다고 말했다.

영순법 맹연습!

아래 문장구조들에 익숙해진 그 순간! 당신은 더 이상 영어초보자가 절대 아니다! 자신감을 가지고 that 다음에 A, B, and C 의 구조를 만들어 영어를 좀 더 유창하게 구사할 수 있도록 맹연습해보자!

1. She **thinks that** I am a **good, kind,** and **smart** friend.
그녀는 내가 좋은, 친절한, 똑똑한 친구라고 생각해.

2. He **thinks that** she is a **talented, caring,** and **creative** artist.
그는 그녀가 재능 있고, 배려심 많고, 창의적인 예술가라고 생각해.

3. They **think that** we are **hardworking, cooperative,** and **reliable** team members.
그들은 우리가 열심히 일하고, 협력적이고, 믿을 수 있는 팀원들이라고 생각해.

4. I **think that** you are a **patient, understanding,** and **supportive** person.
나는 너는 인내심 있고, 이해심 많고, 지지해주는 사람이라고 생각해.

5. She **thinks that** he is a **funny, friendly,** and **outgoing** guy.
그녀는 그가 웃기고 친절하며 외향적인 남자라고 생각해.

6. We **think that** they are **innovative, open-minded,** and **positive** thinkers.
우리는 그들은 혁신적이고 개방적이며 긍정적인 사고를 가진 사람들이라고 생각해.

7. They **think that** we are **honest, trustworthy,** and **sincere** in our actions.
그들은 우리가 정직하고 신뢰할 수 있으며 행동이 진실된 사람들이라고 생각해.

8. I **think that** you are a **helpful, supportive,** and **caring** friend.
나는 네가 도움이 되고 지지해주며 배려심 있는 친구라고 생각해.

9. She **thinks that** he is a **patient, thoughtful,** and **understanding** partner.
그녀는 그가 인내심 있고 사려 깊으며 이해심 있는 파트너라고 생각해.

10. They **think that** we are **positive, adaptable,** and **quick** learners.
그들은 우리가 긍정적이고 적응력이 있으며 빠른 학습자들이라고 생각해.

11. I **think that** you are a **creative, imaginative,** and **talented** individual.
나는 네가 창의적이고 상상력이 풍부하며 재능 있는 개인이라고 생각

Review Test
공부한 내용을 테스트를 통해 복습해보아요.

A 다음 퀴즈에 답하시오.

① 동사 다음의 that의 해석 요령 ▶

② 영어에서 A, B, C가 연결되는 기본 방식? ▶

B 영어단어의 순서를 배열하시오.

③ I / that / an / interesting / is / Korean / think / for / easy / and / scientific / language / , / ,

나는 한국어는 쉽고, 재미있고, 과학적인 언어라고 생각한다.

④ Bruce / wrote / to / Santa / Claus / good / and / well-behaved / is / a / , / kind / he / boy / that / ,

브루스는 산타클로스에게 그는 착하고 친절하고 예의 바른 소년이라고 썼다.

⑤ Tom / told / Oprah / that / , / from / now / on / , / he / will / Chinese, / French, / and / study / English

톰은 오프라에게 지금부터 그는 영어, 프랑스어, 그리고 중국어를 공부할 것이라고 말했다.

⑥ Jill / thinks / that / her / teacher / strict / is / generous / and / , / thoughtful / , / also / at / the / same / time

질은 그녀의 선생님이 관대하고 사려 깊고 동시에 엄격하다고 생각한다.

C 다음 문장을 정확히 해석해보시오.

⑦ Coca-Cola said that Pepsi needs to top copying, differentiate itself, and develop an original recipe.

Answer

① that이하를, that이하라고
② A, B, and C
③ I think that Korean is an easy, interesting, and scientific language.
④ Bruce wrote to Santa Claus that he is a good, kind, and well-behaved boy.
⑤ Tom told Oprah that, from now on, he will study English, French, and Chinese.
⑥ Jill thinks that her teacher is generous, thoughtful, and also strict at the same time.
⑦ 코카콜라는 펩시가 모방하는 것을 멈추고 차별화하고 독창적인 조리법을 개발할 필요가 있다고 말했다.

8강의 목표
주어가 길어지는 가장 기본적인 방식을 확실히 이해한다.

8강의 내용
- 영순법 8 : S + 전치사 + 명사 + V

주어 늘이기

전치사의 이해

큐알코드를 찍으면
핵심 요약강의를 수강하실 수 있습니다.

08 주어 늘이기

전치사의 이해

영순법 8

S + 전치사 + 명사 + V

JEFF가 드리는 말씀.

8강까지 오시느라 고생 많으셨습니다. STEP 2 초반이 조금 어렵게 느껴졌을 분들이 많을 것으로 생각됩니다. 여러 번 반복하여 완전히 자신의 것으로 만드시 길 바라며, 8강부터는 조금 여유를 가지고 학습에 임하셨으면 좋겠습니다. 한국어를 잘 하시는 여러분! 반드시 영어도 잘 하실 수 있습니다! 아자!

영순법 8강의 핵심

8강은 머리가 커지는(=문장의 앞부분이 길어지는) 영어에 관련한 것이다. 다음의 단어 순서를 잘 기억하자.

〈명사 + 전치사 + 명사〉

이렇게 되어 있을 때는 뒤의 '전치사+명사'가 앞의 명사를 수식한다.
이런 수식 구조를 만들어 냄으로써 주어를 조금 길게 만들어낼 수 있다.

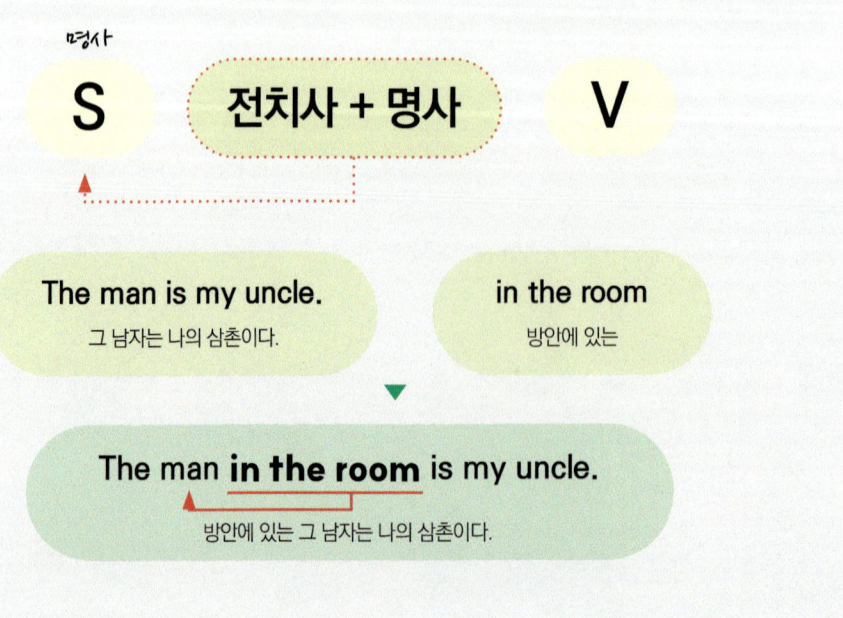

- ✅ The man **in the classroom** is my teacher. 교실에 있는 남자는 내 선생님이다.
- ✅ The man **in the hospital** is Jack. 병원에 있는 남자는 잭이다.
- ✅ The man **in the subway** station is my father. 지하철역에 있는 남자는 나의 아버지다.
- ✅ The man **in the car** is my best friend. 차안에 있는 남자는 내 친한 친구다.
- ✅ The man **in the bathroom** is Tom. 욕실에 있는 남자는 톰이다.

영순법 다지기 B
다지기를 통해 확실히 내 것으로 만들자!

〈명사 + 전치사 + 명사〉의 구조를 파악하고 문장에서 '주어+동사'의 관계도 찾아내보자.
기억하자. 주어는 동사가 나오기 전 까지다. 이 파트에서는 동사 앞은 다 주어라고 생각하면 된다. 문장에서 동사를 빨리 알아채는 것이 중요한 포인트이다. 결국 영어는 동사 중심의 언어라는 것이 느껴질 때 영어에 대한 진정한 자신감이 생기기 시작할 것이다. 그 때까지 홧팅!

1. The boy **in the car** is my son.
   차안에 있는 소년은 내 아들이다.

2. A friend **in need** is a real friend.
   필요할 때 친구가 진정한 친구다.

3. The man **in the blue shirt** runs in the morning every day.
   파란색 셔츠를 입은 남자는 매일 아침마다 뛴다.

4. The person **in the classroom** is my best friend.
   그 강의실에 있는 사람은 나랑 가장 친한 친구이다.

5. The girl **next to you** is very brave.
   네 옆에 있는 그 소녀는 매우 용감하다.

6. The child **next to my husband** is my son.
   나의 남편 옆에 서있는 그 아이는 나의 아들이다.

7. The woman **on the stage** is a famous singer.
   그 무대에 있는 여자는 유명한 가수이다.

8. The child **at the airport** is my cousin.
   그 공항에 있는 아이는 나의 사촌이다.

9. The clothes **in front of the store** is very expensive.
   그 가게 앞에 있는 옷은 매우 비싸다.

영순법 맹연습!

'전치사+명사' 덩어리가 앞의 명사를 수식하고 주어 부분을 길게 만드는 문장들에 좀 더 익숙해져보자.

1. The girl **with the red backpack** is my sister.
   빨간색 배낭을 가진 그 여자는 내 여동생이야.

2. The man **in the black suit** is my boss.
   검은색 정장을 입은 그 남자는 나의 상사야.

3. The lady **at the front desk** is the receptionist.
   프런트 데스크에 있는 그 여자는 접수원이야.

4. The boys **on the playground** are my friends.
   놀이터에서 놀고 있는 소년들은 내 친구들이야.

5. The woman **with glasses** is the teacher.
   안경을 쓴 그 여자는 선생님이야.

6. The boy **in the blue shirt** is my classmate.
   파란색 셔츠를 입은 그 소년은 내 동급생이야.

7. The guy **with the guitar** is a musician.
   기타를 든 그 남자는 음악가야.

8. The lady **with the umbrella** is my neighbor.
   우산을 든 그 여자는 내 이웃이야.

9. The girl **in the pink dress** is the birthday girl.
   분홍색 드레스를 입은 그 소녀는 생일을 맞이한 아이야.

10. The man **with the camera** is a photographer.
    카메라를 든 그 남자는 사진작가야.

11. The boy **with the backpack** is my nephew.
    배낭을 맨 그 소년은 내 조카야.

12. The woman **in the nurse uniform** is the healthcare provider.
    간호복을 입은 그 여자는 건강관리 담당자야.

13. The guy **with the skateboard** is my brother's friend.
    스케이트보드를 탄 그 남자는 내 동생의 친구야.

14. The woman **with the flower bouquet** is the bride.
    꽃다발을 든 그 여성은 신부야.

 **Review Test** 공부한 내용을 테스트를 통해 복습해보아요.

A 다음 퀴즈에 답하시오.

① 주어가 길어지는 가장 기본적 방식? ▶

② 주어는 어디까지라고 봐야 하는가? ▶

B 영어단어의 순서를 배열하시오.

③ my | the | is | man | boss | in | black

검은 옷을 입고 있는 그 남자는 나의 보스다.

④ wife | is | the | my | the | woman | ice-cream truck | by

아이스크림 트럭 옆에 있는 그 여자는 나의 아내이다.

⑤ The | yellow-haired | boy | bridge | blue | by | shoes | the | in | will | become | my | boyfriend

다리 옆에 있는 파란색 신발의 노란 머리 소년은 나의 남자친구가 될 것이다.

⑥ The | a | in | woman | uniform | Yankees | fiancé | is | my

양키즈 유니폼을 입고 있는 그 여자는 나의 약혼녀이다.

C 다음 문장을 정확히 해석해보시오.

⑦ The fans in Real Madrid shirts teased their rivals in Barcelona shirts.

⑧ Jack in front of the GAP store wants to buy these jeans.

⑨ The boy in a Red Sox jersey at the stadium cheered for his home team.

⑩ On Monday, Chris always wears his shirts in red with a Nike logo.

Answer

① 명사 + 전치사 + 명사
② 동사 앞
③ The man in black is my boss.
④ The woman by the ice-cream truck is my wife.
⑤ The yellow-haired boy in blue shoes, by the bridge will become my boyfriend.
⑥ The woman in a Yankees uniform is my fiancé.
⑦ 레알마드리드 셔츠를 입고 있는 팬들은 바로셀로나 셔츠를 입고 있는 그들의 라이벌을 놀렸다.
⑧ GAP상점 앞에 있는 잭은 이 청바지를 사기를 원한다.
⑨ 운동장에서 Red Sox 운동복을 입고 있는 그 소년은 그의 홈팀을 응원했다.
⑩ 월요일에 크리스는 항상 나이키 로고가 있는 빨간색 셔츠를 입는다.

*The only limit to
our realization of tomorrow is
our doubts of today.*

– Franklin D. Roosevelt –

내일의 실현에 대한 유일한 한계는 오늘의 의심이다.

9강의 목표
관계대명사가 쓰인 기본 어순 문장을 완전히 내 것으로 만든다!.

9강의 내용
- **영순법 9** : 명사 + that + S + V

명사 + that + S + V

관계대명사 1

9강 핵심요약강의

큐알코드를 찍으면
핵심 요약강의를 수강하실 수 있습니다.

09 관계대명사 1
명사 + that + S + V

영순법 9
명사 + that + S + V

영순법 9강의 핵심

영어의 핵심은 **단어가 던져지는 순서감각!**
이번 강에서 배우게 될 핵심 단어 순서는 '**명사+that+S+V**' 의 어순이다.
이런 어순이 문장 안에서 보인다면 that 이하 덩어리가 앞의 명사를 수식하는 구조를 만들어 냄을 꼭 기억해야 한다. 소위 말하는 '관계대명사' 라는 개념의 시작이 여기다. 관계대명사가 등장하는 문장은 보통 단어수가 많기 마련이다. <u>많은 단어 수 사이에서 '명사+that+S+V'의 어순이 두둥실 떠올라 도드라지게 보일 때 영어 자신감이 생기기 시작한다.</u> 나도 고급 영어에 눈뜨기 시작함이 느껴진다! 아자!

~하는

명사 ← **that + S + V**

> **여기서 잠깐!**
> that 이하 S+V 부분은 완벽한 문장이 아니라 뭔가 하나가 빠진 허전한 느낌이 들어야 한다.

the girl
그 소녀

I loved so much
내가 몹시 사랑했다.

▼

the girl that I loved so much.
내가 몹시 사랑했던 그 소녀

완전한 문장으로 써보면

> **That is the girl that I loved so much.**
> 저 사람은 내가 몹시 사랑했던 그 소녀이다.

- ☑ That is **the woman that I loved** so much.
  저 여자는 내가 몹시 사랑했던 사람이다.

- ☑ That is **the woman that we met** last week.
  저 여자는 우리가 저번주에 만난 사람이다.

- ☑ That is **the woman that I had** dinner with.
  저 여자는 내가 저녁을 같이 먹은 사람이다.

- ☑ That **is the woman that Jack proposed.**
  저 여자는 잭이 프로포즈 한 여자이다.

- ☑ That is **the woman that we all loved.**
  저 여자는 우리 모두가 사랑한 사람이다.

삶의 지혜를 주는 ✏️ English Proverb

A friend in need is a friend indeed.
어려울 때의 친구가 진정한 친구다.

어려울 때 돕는 친구가 진정한 친구라는 의미! 진정한 친구는 내가 힘들 때 기꺼이 도와주는 사람이죠.

영순법 다지기 9

다지기를 통해 확실히 내 것으로 만들자!

'**명사 + that + S + V**' 어순을 찾아내고 수식구조를 파악해 본다. 다시 한번 강조한다. 문장 전체에 놓여져 있는 모든 단어의 순서가 중요하게 느껴져서는 안 된다. **문장 해석의 핵심을 쥐고 있는 핵심 단어 순서가 3차원 3D로 두둥실 느껴져야 한다.** 이번 강에서는 '**명사 + that + S + V**' 가 바로 핵심적 어순이다!

1. There is **the pen that I bought** yesterday.
   저기 내가 어제 산 펜이 있다.

2. My brother broke **my computer that I value.**
   내 동생이 내가 아끼던 컴퓨터를 고장냈다.

3. Here are your **clothes that you wanted.**
   여기 네가 원하던 옷들이 있다.

4. The thief stole **my wallet that I carried** for ten years.
   그 도둑이 내가 십 년 동안 지니고 다녔던 지갑을 훔쳐갔다.

5. This is the **ring that my grandmother gave** me.
   이것은 나의 할머니가 나에게 주신 그 반지다.

6. My brother broke **my digital camera that I borrowed** from my friend.
   내 동생이 내가 친구에게서 빌린 디지털 카메라를 고장냈다.

7. Katie returned **the book that she borrowed** a month ago from me.
   케이티는 그녀가 나에게 한달전에 빌려갔던 그 책을 돌려줬다.

8. You should go to **the concert that my teacher talked** about.
   너는 나의 선생님이 얘기하셨던 그 콘서트에 가야만 한다.

9. I don't want to watch the **movie that he recommended.**
   나는 그가 추천해줬던 영화를 보는 것을 원하지 않는다.

10. Gina couldn't go to **the wedding that she** really **wanted** to go.
    지나는 그녀가 정말 가고 싶었던 결혼식에 갈 수 없었다.

영순법 맹연습!

'**명사 + that + S + V**' 어순이 두둥실 떠오르며 아래 문장들이 보여야 한다. 그래야 영어가 된다! 이 어순은 너무나 중요하다. 좀 더 철저히 연습해보고, 한국어에서 영어로도 바로바로 생각나도록 반복해보자!

1. This is **the book that I read** last week.
   이게 내가 지난 주에 읽은 책이야.

2. He is **the man that I met** at the party.
   그가 내가 파티에서 만난 남자야.

3. That was **the movie that I watched** yesterday.
   그게 내가 어제 본 영화야.

4. He is **the friend that I have known** for years.
   그녀는 몇 년째 알고 지내는 친구야.

5. That is **the car that I bought** recently.
   이게 내가 최근에 샀던 차야.

6. He is **the teacher that I admire** the most.
   그분이 내가 가장 존경하는 선생님이야.

7. That was **the concert that I attended** with my friends.
   저 콘서트가 내가 친구들과 함께 다녀온 콘서트였어.

8. She is **the singer that I listened** to all day.
   그녀가 내가 하루 종일 듣던 가수야.

9. This is **the job that I applied** for.
   이것이 내가 지원한 일자리야.

10. That is **the song that I always sing** in the shower.
    저 곡이 내가 샤워할 때 항상 부르는 노래야.

11. He is **the actor that I saw** in the new film.
    그는 내가 새로 나온 영화에서 본 배우야.

12. This is **the painting that I saw** at the art gallery.
    이것이 내가 미술 갤러리에서 본 그림이야.

13. That was **the vacation that I enjoyed** the most.
    그게 내가 가장 즐거웠던 휴가였어.

14. She is **the doctor that I consulted** about my health.
    그녀가 내 건강에 대해 상담한 의사야.

Review Test

공부한 내용을 테스트를 통해 복습해보아요.

A 다음 퀴즈에 답하시오.

① '명사+that+주어+동사'에서 that의 역할은? ▶
② '관계대명사 뒤의 문장은 뭔가 하나 빠진 듯한 _____한 느낌이 되어야 한다.'
   위 문장의 빈칸에 적절한 말은? ▶

B 영어단어의 순서를 배열하시오.

③ Yesterday, I lost that John the wallet values so much
   어제 나는 존이 매우 소중히 여기는 지갑을 잃어버렸다.

④ Jane take is to care happy of she boy adopted that the
   제인은 그녀가 입양했던 그 소년을 돌보게 되어 행복하다.

⑤ I car the that like yesterday saw I on the street
   나는 내가 어제 거리에서 보았던 그 차를 좋아한다.

⑥ John Locke guitar me gave play he loved that the always to
   존 로크는 나에게 그가 항상 연주하는 것을 좋아했던 기타를 주었다.

C 다음 문장을 정확히 해석해보시오.

⑦ I didn't forget to bring the document that my boss asked for.
⑧ I forgot to upload my pictures that my friend requested yesterday.
⑨ This is the awesome mountain bike that my father bought for my birthday.

Answer

① 관계대명사, 앞의 명사를 꾸미는 역할
② 허전
③ Yesterday, I lost the wallet that John values so much.
④ Jane is happy to take care of the boy that she adopted.
⑤ I like the car that I saw on the street yesterday.
⑥ John Locke gave me the guitar that he always loved to play.
⑦ 나는 나의 보스가 요청했던 서류를 가져오는 것을 잊지 않았다.
⑧ 나는 내 친구가 어제 요청했던 사진을 올리는 것을 잊었다.
⑨ 이것은 나의 아버지가 내 생일선물로 사 주셨던 멋진 산악용 자전거이다.

10강의 목표
관계대명사에 자신감을 가진다!

10강의 내용
- **영순법 10** : 명사 + that + V

명사 + that + V

관계대명사 2

10강 핵심요약강의

큐알코드를 찍으면
핵심 요약강의를 수강하실 수 있습니다.

10. 명사 + that + V

관계대명사 2

영순법 10
명사 + that + V

영순법 10강의 핵심

이번 강의 핵심 단어 순서는 **'명사 + that + V'** 이다.
9강의 내용과 동일하고 that 이하에서 동사 앞에 주어만 빠지면서 허전한 문장이 되는 경우이다. 오히려 이 문장이 더 단순한 형태이다. 자신감을 가지자! 아자!

여기서 잠깐!
관계대명사 that 뒤는 반드시 뭔가 하나 빠진 듯한 허전한 문장이 되어야 함을 잊지 말자!

- ✅ This is **the girl that loved** Jack.
  이 사람은 잭을 좋아했던 여자이다.

- ✅ This is **the man that helped** my father.
  이 사람은 우리 아버지를 도와줬던 사람이다.

- ✅ This is **the man that fired** me.
  이 사람은 나를 해고한 사람이다.

- ✅ This is **the person that introduced** himself by rap.
  이 사람은 자기 자신을 랩으로 소개한 사람이다.

- ✅ This is **the professor that teaches** very well.
  이 사람은 매우 잘 가르치는 교수이다.

다지기를 통해 확실히 내 것으로 만들자!
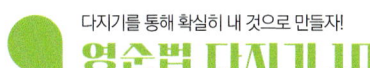
영순법 다지기 10

JEFF가 제시하는 영어의 핵심 단어 순서를 발견할 줄 알아야 한다.
이번 강에서는 '**명사 + that + V**' 가 핵심 어순이다. 그 어순을 찾아 내보자.

1. This is **Tom that loved** Sally.
   이 사람은 샐리를 사랑했던 톰이다.

2. This is **Tom that cleaned** my room yesterday.
   이 사람은 어제 내 방을 청소해준 톰이다.

3. He is one of those **men that always** do their best.
   그는 항상 최선을 다하는 남자들 중 한명이다.

4. The adder is **a snake that has** a relatively stout body.
   그 살무사는 비교적 튼튼한 몸을 가진 뱀이다.

5. I bought **a picture that is** very rare.
   나는 매우 희귀한 그림을 샀다.

6. I hope she goes to a graduate **school that is** suitable for her.
   나는 그녀가 그녀에게 적합한 대학원에 가기를 희망한다.

7. Mike doesn't read **books that are** really helpful.
   마이크는 정말 도움되는 책을 읽지 않는다.

8. She doesn't know **the drama that is** well-known worldwide.
   그녀는 세계적으로 유명한 드라마를 모른다.

9. I don't buy expensive **things that are** unnecessary.
   나는 불필요한 비싼 물건을 사지 않는다.

영순법 맹연습!

1 This is **the jacket that keeps** me warm in winter.
이것은 겨울에 나를 따뜻하게 해주는 자켓이야.

2 She is **the teacher that explains** well.
그녀는 잘 설명하는 선생님이야.

3 He owns **a car that travels** very long distances.
그는 장거리를 여행하는 차를 소유하고 있어.

4 This is **the cat that catches** mice.
이것은 쥐를 잡는 고양이야.

5 I have **a friend that understands** me.
나는 나를 이해해주는 친구가 있어.

6 She bought **a camera that takes** great pictures.
그녀는 훌륭한 사진을 찍는 카메라를 샀어.

7 He has **a skill that impresses** everyone.
그는 모두를 감동시키는 기술을 가지고 있어.

8 This is **the place that offers** delicious food.
이곳은 맛있는 음식을 제공하는 장소야.

9 She found **a job that matches** her skills.
그녀는 자신의 기술과 잘 맞는 일을 찾았어.

10 These are **the flowers that bloom** in spring.
이것들은 봄에 피어나는 꽃들이야.

공부한 내용을 테스트를 통해 복습해보아요.

A 다음 퀴즈에 답하시오.

① '명사+that+동사'에서 that의 역할은? ▶
② 관계대명사 개념이 되려면 관계대명사 뒤의 문장이 어떠해야 하는가? ▶

B 영어단어의 순서를 배열하시오.

③ Abraham Lincoln | is | that | president | the | the | freed | slaves
아브라함 링컨은 노예를 해방시켰던 대통령이다.

④ likes | I | my | dog | snacks | that | to | eat | and | vegetables | love
나는 과자와 야채를 먹는 것을 좋아하는 나의 개를 사랑한다.

⑤ John F. Kennedy | is | had | that | president | scandals | many | the
John F. Kennedy는 많은 스캔들을 가졌던 대통령이다.

⑥ Jeff | wants | to | teach | their | that | clear | have | people | goals | in | lives
제프는 그들의 인생에서 명확한 목표를 가진 사람들을 가르치기를 원한다.

C 다음 문장을 정확히 해석해보시오.

⑦ The Alaskan Malamute is a dog breed that has a relatively long tail.
⑧ Teddy is my co-worker that knows how to create a friendly atmosphere.
⑨ Chicago White Sox is a team that has a hard time winning the World Series.

Answer

① 명사를 꾸미는 역할
② 허전
③ Abraham Lincoln is the president that freed the slaves.
④ I love my dog that likes to eat snacks and vegetables.
⑤ John F. Kennedy is the president that had many scandals.
⑥ Jeff wants to teach people that have clear goals in their lives.
⑦ 알라스칸 말라뮤트는 비교적 긴 꼬리를 가진 개의 종이다.
⑧ 테디는 친밀한 분위기를 만들어내는 방법을 아는 나의 동료이다.
⑨ Chicago White Sox는 월드시리즈에서 우승하는데 힘든 시간을 보낸 팀이다.

Act as if what you do makes a difference. It does.

- William James –

당신이 하는 일이 차이를 만든다고 생각하며 행동하라.
그것은 실제로 그렇다.

11강의 목표
관계대명사가 쓰인 조금 더 세련된 문장에 익숙해지고 관계대명사 고수가 된다!

11강의 내용
- 영순법 11 : 명사 + that + S + V1 ……V2

명사 + that + S + V1 … V2

관계대명사 3

큐알코드를 찍으면
핵심 요약강의를 수강하실 수 있습니다.

관계대명사 3

11 명사 + that + S + V1 … V2

영순법 11
명사 + that + S + V1 … V2

 영순법 11강의 핵심

이제 앞에서 배운 내용을 토대로 좀 더 세련된 영어로 진입해보자. 매우 많이 나오는 구조이다. 반드시 익숙해져야 한다.

'명사 + that + S + V' 어순 감각을 우리는 9강에서 익혔다.

그런데 **that**이 나오고 뒤에서 동사가 하나가 아닌 '두 개'가 나올 수가 있다.

이 때는 과감히 두번째 나온 동사 앞에서 확!!! 끊어야 한다.

반드시 눈으로도 끊고, 펜으로도 끊어야 한다.

그리고 나서 맨 앞의 명사를 주어로 하고 두 번째 동사를 그 주어에 대한 동사로 생각한다. that부터 첫 번째 동사까지는 앞의 명사를 수식하는 구조이다. 아래 그림을 잘 보자.

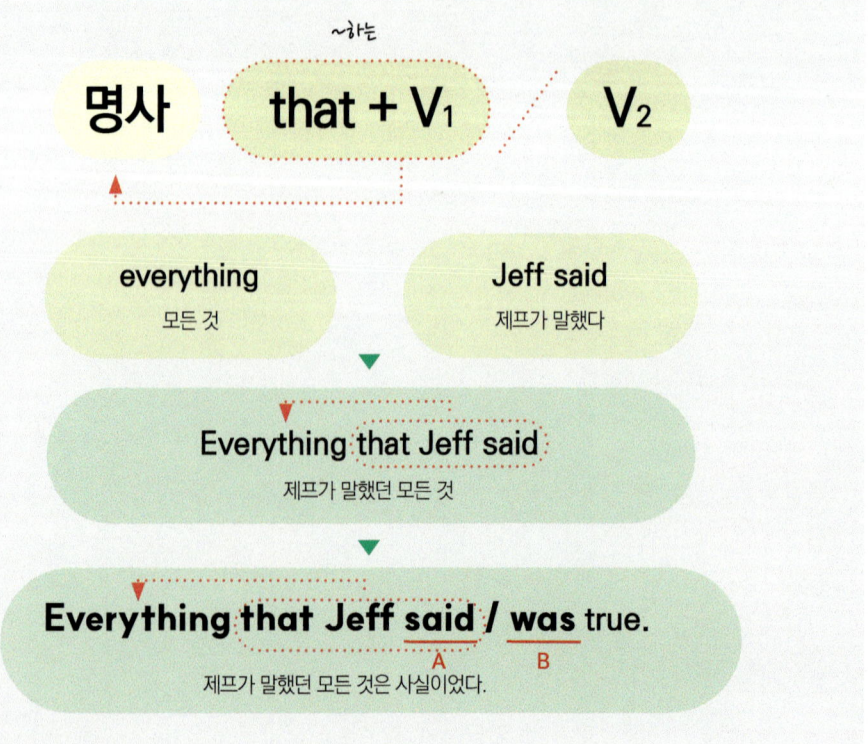

좀 더 길게 써보면

Everything that Jeff said to me yesterday / **was** true.
어제 제프가 말했던 모든 것은 사실이었다.

- ✅ **Everything that he said is** a lie.
  그가 말했던 모든 것은 거짓말이다.
- ✅ **Everything that he told** me **was** not his idea.
  그가 내게 말했던 모든 것은 그의 생각이 아니었다.
- ✅ **Every dinner that you made was** delicious.
  네가 만들었던 모든 저녁은 맛있었다.
- ✅ **Every picture that you took was** beautiful.
  네가 찍었던 모든 사진은 아름다웠다.
- ✅ **Every house that you designed is** expensive.
  네가 설계했던 모든 집들은 비싸다.

🖊 English Proverb
삶의 지혜를 주는

Men are known by the company they keep.
사귀는 친구를 보면 그 사람됨을 알 수 있다.

한 사람이 누구와 어울리는지를 보면 그 사람의 성격이나 인품을 알 수 있겠죠?

영순법 다지기 11

다지기를 통해 확실히 내 것으로 만들자!

that 뒤에 등장하는 두 개의 동사 중 두 번째 동사를 찾아 그 앞에서 확!! 끊어라!
그럼 해석이 잡힌다. 긴 문장에 대한 자신감이 생긴다!
이 때 **주어자격인 첫 번째 나오는 단어와 두 번째 동사는 단수, 복수 개념에 있어 호응을 이루어야 한다는 것도 꼭 기억하자!** (영문법 문제에서 엄청난 단골 포인트입니다! 학생여러분들은 꼭 잘 기억해두세요!)

1. **Everything that you said was untrue.**
   네가 말했던 모든 것은 사실이 아니었다.

2. **The flower that you sent to my office was very beautiful.**
   네가 나의 사무실에 보내준 그 꽃은 매우 아름다웠다.

3. **The house that you talked about was so wonderful.**
   네가 말했던 그 집은 정말 멋졌다.

4. **The design that the company created was unique.**
   그 회사가 만든 그 디자인은 특이했다.

5. **The plan that we made last week was our mistake.**
   우리가 저번주에 만들었던 계획은 우리의 실수였다.

6. **The camera that he is using now is what I wanted.**
   그가 지금 사용하고 있는 그 카메라는 내가 원했던 것이다.

7. **The trip that we went on together last year was so memorable.**
   우리가 작년에 같이 갔던 그 여행은 정말 기억에 남을만했다.

8. **Everything that we learned was so important to study for this exam.**
   우리가 배웠던 모든 것들은 이번시험을 공부하기 위해선 너무 중요했다.

9. **The plant that we saw in the forest was unknown to most people in the world.**
   우리가 숲에서 봤던 그 식물은 세상의 대부분 사람들에게 알려지지 않았다.

10. **The man that we met in the street the day before yesterday is a very famous singer in Korea.**
    우리가 그저께 거리에서 만났던 남자는 한국의 매우 유명한 가수였다.

영순법 맹연습!

'명사 + that + S + V₁ ⋯ V₂' 어순으로 that 뒤에 동사 두 개가 나오는 형태에 자신감을 가지면 세련된 영어를 나도 구사할 수 있다! 아자!

쉬운 문장을 통해 완전히 내 것으로 만들자! 영어와 한국어가 자유롭게 왔다갔다 할 정도로 맹연습해보자!

1. **The cake that I made yesterday is tasty.**
   어제 내가 만든 케이크는 맛있어.

2. **The dog that she found at the park is cute.**
   공원에서 그녀가 찾은 개는 귀여워.

3. **The movie that I watched is interesting.**
   내가 본 영화는 흥미로워.

4. **The car that he drives is fast.**
   그가 운전하는 차는 빠르다.

5. **The book that she reads is thick.**
   그녀가 읽는 책은 두꺼워.

6. **The phone that I use is new.**
   내가 쓰는 핸드폰은 새거야.

7. **The plant that she watered is growing.**
   그녀가 물 준 식물은 자라고 있어.

8. **The park that we visited is big.**
   우리가 간 공원은 크다.

9. **The shirt that he wore is blue.**
   그가 입은 셔츠는 파란색이야.

10. **The computer that I use is old.**
    내가 쓰는 컴퓨터는 낡았어.

11. **The lunch that I ate was delicious.**
    내가 먹은 점심은 맛있었어.

공부한 내용을 테스트를 통해 복습해보아요.

A 다음 퀴즈에 답하시오.

① 관계대명사 개념이 되려면 관계대명사 뒤의 문장이 어떠해야 하는가? ▶

② that뒤에 동사가 두 번 보이면 어디서 끊어 읽어야 하는가? ▶

B 영어단어의 순서를 배열하시오.

③ that / I / the / cellphone / last / bought / year / is / now / out-of-date

내가 작년에 샀었던 휴대폰은 이제 구식이다.

④ Most / of / Jim / things / the / that / right / sounded / said

짐이 말했던 대부분의 것들은 옳은 것 같다.

⑤ His / bad / we / saw / that / yesterday / attitude / was / shocking

우리가 어제 보았던 그의 나쁜 태도는 충격적이었다.

⑥ The / kids / next / door / badly / were / many / caused / troubles / hurt / that

많은 문제를 일으켰던 옆집 아이들은 심하게 다쳤다.

C 다음 문장을 정확히 해석해보시오.

⑦ The concert that we went together three days ago was amazing.

⑧ The concert hall that can hold up to 80,000 people is a very famous place in the world.

⑨ The story that I heard about him was all made-up.

Answer

① 허전
② 두 번째 동사 앞
③ The cellphone that I bought last year is now out-of-date.
④ Most of the things that Jim said sounded right.
⑤ His bad attitude that we saw yesterday was shocking.
⑥ The kids next door that caused many troubles were badly hurt.
⑦ 우리가 3일전에 함께 갔었던 그 콘서트는 놀라웠다.
⑧ 80,000명까지 수용할 수 있는 그 콘서트 홀은 세계에서 매우 유명한 장소이다.
⑨ 내가 그에 대해서 들었던 그 이야기는 모두 꾸며낸 것이었다.

📍 12강의 목표
관계대명사가 쓰인 세련된 문장에 더욱 익숙해지고 관계대명사 초고수가 된다.

📍 12강의 내용
- 영순법 12 : 명사 + that + V1 ··· V2

CHAPTER

12

명사 + that + V₁ ··· V₂

관계대명사 4

12강 핵심요약강의

큐알코드를 찍으면
핵심 요약강의를 수강하실 수 있습니다.

12

관계대명사 4

명사 + that + V₁ … V₂

영순법 12
명사 + that + V₁ … V₂

 영순법 12강의 핵심

11강의 내용에 이어 that 뒤에 바로 동사가 두 개 따라 나오는 형태이다.
하지만 이때도 요령은 똑같다.
단, that 이하에서 주어 없이 동사만 두 개 나온다고 보면 된다. 두 번째 동사 앞에서 확!
끊는 것이 핵심이다!

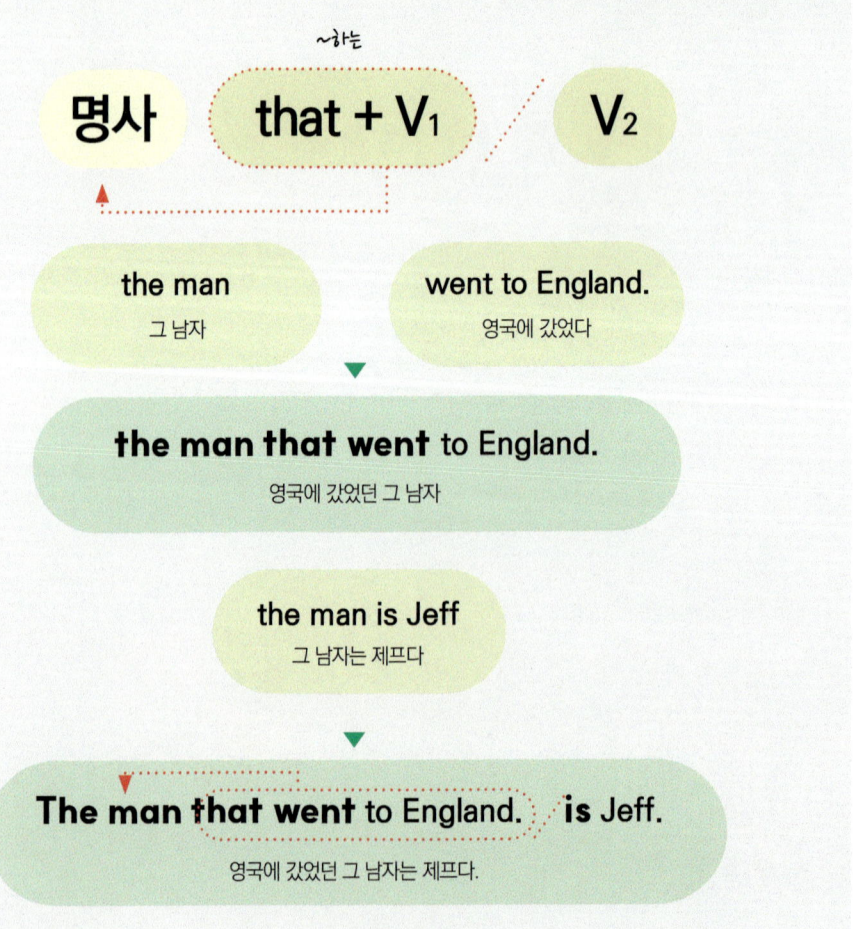

좀 더 길게 써보면

The man that went to England last winter is Jeff.

작년 겨울에 영국에 갔었던 그 남자는 제프다.

> **여기서 잠깐!**
> 거듭 강조드립니다. 문장에서 모든 단어가 똑같은 자격으로 보여서는 영어를 잘 할 수 없습니다. 영어문장의 구조를 만들어내는 JEFF 강사가 강조드리는 핵심 영어 단어들이 두둥실 3D 입체로 보여야 합니다. 그래야 영어가 됩니다!!
> 아래 문장들에서 JEFF강사가 굵은 글씨체로 처리한 단어들이 두둥실 떠올라 보인다면 당신도 이제 영어 능력자!! 홧팅!

- **The man that went** to Korea last summer **is** Jack.
  작년 여름에 한국으로 간 그 남자는 잭이다.

- **The man that came** to Korea this June **is** Jack.
  이번 6월에 한국에 온 그 남자는 잭이다.

- **The man that played** soccer yesterday **is** Tom.
  어제 축구를 한 그 남자는 톰이다.

- **The only man that got** A on this test **is** Seung won.
  이 시험에서 A를 맞은 유일한 남자는 승원이다.

- **The man that speaks** four different language **is** Seung won.
  4개의 다른 언어를 구사하는 그 남자는 승원이다.

영순법 다지기 12

다지기를 통해 확실히 내 것으로 만들자!

that이 나오고 등장하는 두 번째 동사를 찾아내는 것이 핵심임을 잊지 말자.
두 번째 동사 앞에서 확! 끊어 읽는 센스를 가져야 한다.
좀 더 다채로운 문장을 가지고 확실한 자신감을 가져보자!

1. **The man that lives** next door **is** very funny.
   이웃집에 사는 그 남자는 매우 재밌다.

2. **The bus that goes** to Incheon airport **runs** every half hour.
   인천 공항에 가는 그 버스는 삼십분마다 다닌다.

3. **The woman that won** the beauty contest this year **is** very attractive.
   올해 미인 선발대회에서 우승했던 그 여인은 매우 매력적이다.

4. **The student that is** in my class **is** very smart and pretty.
   내 수업에 있는 그 학생은 매우 똑똑하고 예쁘다.

5. **The laptop that is** on the desk **was** almost broken.
   그 책상에 있는 노트북은 거의 망가졌다.

6. **The musical that is** coming up next week **is** very famous.
   다음주에 곧 열리는 그 뮤지컬은 매우 유명하다.

7. **The person that is** standing next to me **is** one of my best friends.
   내 옆에 서있는 사람은 나의 가장 친한 친구들 중에 한명이다.

8. **The library that is** in New York **is** a place that I met my husband for the first time.
   뉴욕에 있는 그 도서관은 내가 나의 남편을 처음 만났던 장소이다.

9. **The piano that is** placed in our living room **is** one of the oldest pianos in the world.
   우리집 거실에 놓인 그 피아노는 세계에서 가장 오래된 피아노 중에 하나이다.

10. **The personal trainer that works** in our gym **is** very responsible about supervising his customers.
    우리 체육관에서 일하는 개인 트레이너는 그의 고객을 관리하는데 있어서 매우 책임감이 있다.

영순법 맹연습!

'명사 + that + V₁ ⋯ V₂' 어순이 문장에서 도드라지게 보여야 한다. 다시 한번 강조하지만, 모든 단어들이 똑같은 자격으로 보여서는 안된다. 도드라지게 특별하게 왠지 더 눈길이 가는 단어들과 그 단어들의 순서가 느껴져야 한다. 아래 문장들을 보고 좀 더 연습해보자!

1. **The book that captivated** me **is** on the shelf.
   나의 마음을 사로잡은 그 책이 책장에 있다.

2. **The person who phoned** you **is** my cousin.
   너에게 전화한 사람은 내 사촌이다.

3. **The movie that impressed** us **is** still in theaters.
   우리를 감동시킨 영화는 아직 상영 중이다.

4. **The restaurant that impressed** us **serves** Italian cuisine.
   우리에게 깊은 인상을 준 식당은 이탈리아 음식을 제공한다.

5. **The car that fascinated** my brother **is** a sports car.
   내 동생을 매혹시킨 차는 스포츠카이다.

6. **The game that entertained** us **is** available online.
   우리를 즐겁게 한 게임은 온라인에서 이용 가능하다.

7. **The friend who organized** the event **is** an artist.
   행사를 조직한 그 친구는 예술가이다.

8. **The job that requires** attention to detail **is** a little hard.
   세세한 주의가 필요한 그 일은 조금 어렵다.

9. **The presentation that highlighted** key points **is** impressive.
   주요 요점을 강조한 그 프레젠테이션은 인상적이다.

10. **The project that consumed** our time **is** finally complete.
    우리의 시간을 소비한 프로젝트는 마침내 완료되었다.

11. **The song that played** all night **is stuck** in my head.
    밤새 흘러나온 노래가 내 머리에 갇혀 있다. (머리에서 떠나질 않는다.)

12. **The place that fascinated** us **is** a quiet park.
    우리를 매혹시킨 장소는 조용한 공원이다.

13. **The teacher who inspired** us **teaches** history.
    우리를 영감을 주신 선생님은 역사를 가르치신다.

14. **The laptop that simplifies** my work **is** a little expensive.
    내 작업을 간편하게 만드는 노트북은 다소 비싸다.

 공부한 내용을 테스트를 통해 복습해보아요.

A 다음 퀴즈에 답하시오.

① 관계대명사 개념이 되려면 관계대명사 뒤의 문장이 어떠해야 하는가? ▶
② that 뒤에 동사가 두 번 보이면, 어디서 끊어 읽어야 하는가? ▶

B 영어단어의 순서를 배열하시오.

③ hair | that | my | has | yellow | roommate | is | very | lazy

노란 머리를 가진 내 룸메이트는 매우 게으르다.

④ high-tech | is | his | that | keyboard | is | extremely | expensive

첨단기술로 만들어진 그의 키보드는 엄청나게 비싸다.

⑤ The | on | guitar | is | that | the | desk | looks | different | from | other | guitars

책상 위의 기타는 다른 기타들과는 달라 보인다.

⑥ for | that | the | player | plays | Manchester United | has | impressive | soccer | skills

맨체스터 유나이티드를 위해 뛰는 그 선수는 인상적인 축구 기술을 가지고 있다.

C 다음 문장을 정확히 해석해보시오.

⑦ The website that was developed by Mark Zuckerberg is now famous.

⑧ The plane that leaves for New York departs at 4:35 PM.

⑨ The boy that is praised for his singing talent passed the audition.

Answer

① 허전
② 두 번째 동사 앞
③ My roommate that has yellow hair is very lazy.
④ His keyboard that is high-tech is extremely expensive.
⑤ The guitar that is on the desk looks different from other guitars.
⑥ The player that plays for Manchester United has impressive soccer skills.
⑦ 마크 주커버그에 의해 개발되어진 웹사이트는 지금 유명하다.
⑧ 뉴욕으로 떠나는 그 비행기는 4:35PM에 출발한다.
⑨ 그의 노래 재능을 칭찬받은 그 소년은 오디션을 통과했다.

13강의 목표
관계부사의 정확한 해석법을 알고 자신감을 가진다!

13강의 내용
- 영순법 13-1 : 장소 + where
- 영순법 13-2 : 장소 + when

CHAPTER 13

장소 + where, 시간 + when
관계부사 1

13강 핵심요약강의

큐알코드를 찍으면
핵심 요약강의를 수강하실 수 있습니다.

13 관계부사 1
장소 + where , 시간 + when

영순법 13-1
장소 + where

영순법 13-1강의 핵심

영어의 핵심은 단어가 던져지는 순서감각!
문장에서 장소 표현이 나오고 그 다음에 where이 보일 때가 있다.
문법적으로 관계부사라고 하지만, 그 용어는 중요하지 않다.
이때는 **where 이하 덩어리가 앞의 장소 표현을 수식**하는 구조임을 아는 것이 중요하다. (정확히는 수식이 아니고 where에 앞의 장소명사를 넣어 해석하는 것이 정확한 JEFF식 해석법이지만 편의상 수식구조로 설명합니다.)

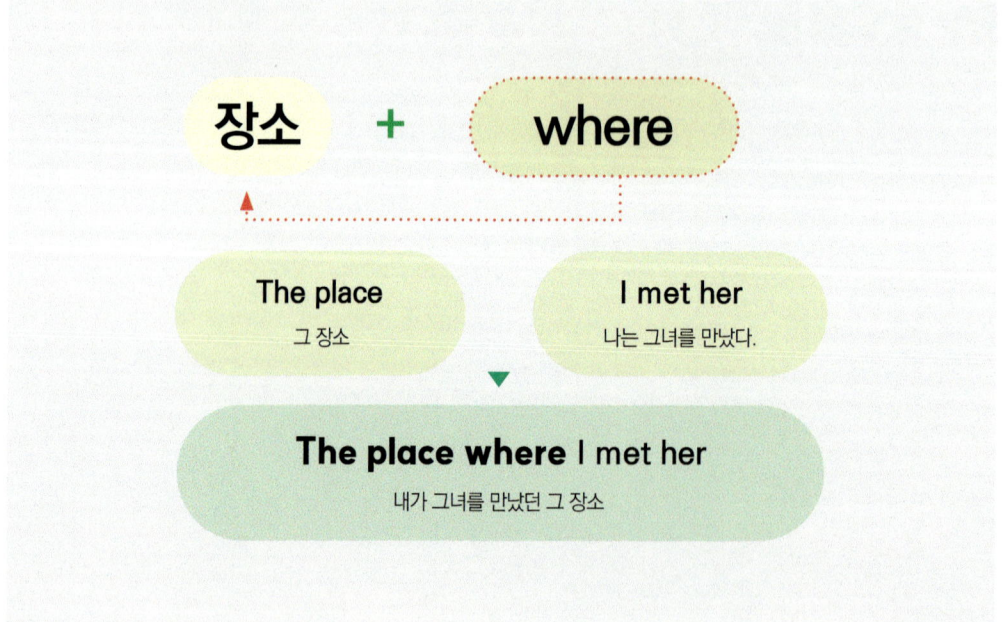

문장으로 써보면

> **This is the place where I met her.**
> 이곳은 내가 그녀를 만났던 그 장소이다.

- ✅ This is **the place where** I first saw her.
  이곳은 내가 그녀를 처음 본 곳이다.
- ✅ This is **the place where** I proposed to her.
  이곳은 내가 그녀에게 프로포즈를 한 곳이다.
- ✅ This is **the place where** I broke up with her.
  이곳은 내가 그녀와 헤어진 곳이다.
- ✅ This is **the place where** I met my friend.
  이곳은 내가 내 친구를 만난 곳이다.

삶의 지혜를 주는 ✏️ English Proverb

A rolling stone gathers no moss.

구르는 돌에는 이끼가 끼지 않는다.

한곳에 오래 머물지 않고 자주 이동하거나, 하는 일을 바꾸면 안정된 삶을 살거나 재산을 쌓기 어렵다는 점을 강조하는 말입니다. 현대 영어에서는 문맥에 따라 계속해서 활동하고 변화하는 사람은 나태해지거나 부패하지 않는다는 점을 말할 때 쓰이기도 합니다.

영순법 다지기 13-1

장소 표현이 나오고 where이 나오는 부분에 주목하며 다음 문장들을 연습해보자.

1. Seoul is **the city where** I lived for five years.
   서울은 내가 5년 동안 살았던 도시이다.

2. This is **the table where** I put my wallet on.
   이 책상은 내가 내 지갑을 올려놓은 곳이다.

3. The café is **the place where** I like to study.
   그 까페는 내가 공부를 하기 좋아하는 곳이다.

4. Los Angles is **the place where** I met my American friend.
   로스앤젤레스는 내가 미국친구를 만난 장소이다.

5. New York is **the city where** many people go to travel from other countries.
   뉴욕은 다른 나라에서 많은 사람들이 여행하러 가는 도시이다.

6. This restaurant is **the place where** I met my wife.
   이 음식점은 내가 나의 아내를 만났던 장소이다.

7. The house is **the place where** I grew up mostly when I was young.
   그 집은 내가 어렸을 때 대부분 자라왔던 곳이다.

8. Insadong is **the place where** many foreigners go when they visit Korea.
   인사동은 많은 외국인들이 한국을 방문했을 때 가는 곳이다.

9. The stage at the concert hall is **the place where** famous singers used to sing.
   그 공연장에 있는 무대는 유명한 가수들이 노래를 했던 곳이다.

10. The Art museum is **the place where** I like to visit in Seoul.
    그 미술 박물관은 내가 서울에서 방문하기를 좋아하는 곳이다.

영순법 13-2
시간 + When

> **영순법 13-2강의 핵심**
>
> 이번엔 '시간 다음에 when'이 나오는 어순이다. '시간 다음에 when'이 있을 때도 똑같다. 시간 표현 다음에 나온 when 이하가 앞의 시간 표현을 수식하는 구조다.
> (정확히는 수식이 아니고 when에다 앞의 시간명사를 넣어 해석하는 것이 정확한 JEFF식 해석법이지만 편의상 수식구조로 설명합니다.)

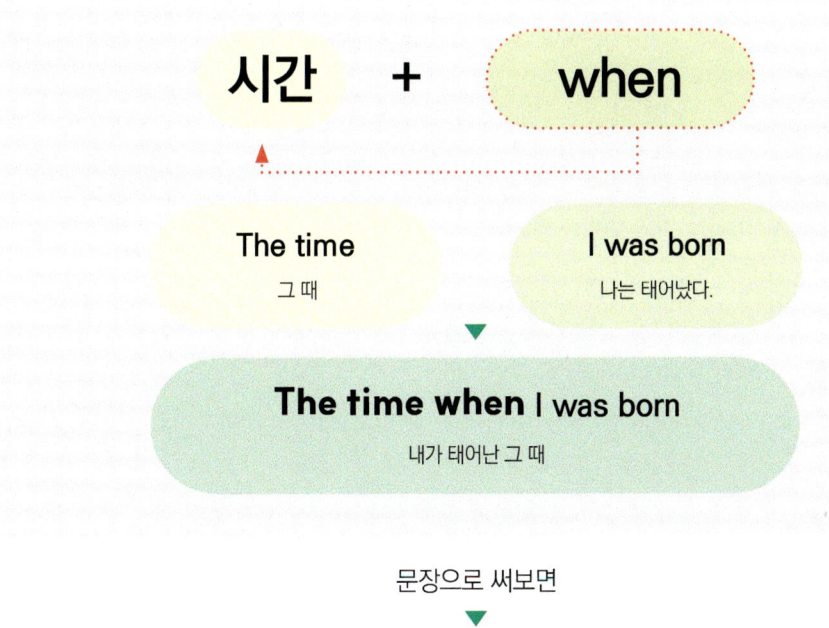

문장으로 써보면

▼

April is the time when I was born.

4월은 내가 태어난 그 때이다.

- ☑ September is **the time when** I first met her.
  9월은 내가 그녀를 처음 만났던 그때이다.

- ☑ Saturday is **the day when** I go to a library.
  토요일은 내가 도서관에 가는 날이다.

영순법 다지기 13-2

시간 표현 다음에 등장하는 when을 찾아내고 when 이하 덩어리가 앞의 시간 표현을 수식함을 느끼자.

1. Do you remember **the day when** we first met?
   너는 우리가 처음 만났던 날을 기억하니?

2. I will never forget **the day when** we lost the game.
   나는 우리가 게임을 졌던 날을 절대로 잊지 않을 것이다.

3. I will never forget **the day when** we lost the game.
   나는 우리가 게임을 졌던 날을 절대로 잊지 않을 것이다.

4. Summer is **the time of year when** we have our vacation.
   여름은 일년 중 우리가 우리의 방학을 가지는 시간이다.

5. I remember **the day when** I first came to this place.
   나는 내가 이곳으로 왔던 첫 날을 기억한다.

6. We cannot forget **the time when** we first met her at the restaurant.
   우리는 우리가 처음에 그 식당에서 만났던 그 시간을 잊을 수 없다.

7. I think **the time when** I spent my vacation in Europe was so wonderful.
   나는 내가 유럽에서 보냈던 그 시간은 아주 멋졌다고 생각한다.

8. I don't remember **the time when** I said about it to you.
   나는 내가 너에게 그것에 관해 얘기했던 때를 기억하지 못한다.

9. Can you remember **the time when** we fought for the first time?
   너는 우리가 처음으로 싸웠던 때를 기억하니?

#01: **where**이 들어간 영순법 맹연습! where 앞은 장소를 나타내는 명사 표현이 온다는 걸 꼭 기억하며 좀더 다양한 문장을 맹연습해보자!! 앞의 <u>장소 명사는 생략되고, where만 쓰는 경우도 있음에 유의하자!</u> 아자!

1. This is **the park where** I play soccer.
   여기가 내가 축구를 하는 공원이다.

2. The library is **the place where** I study every day.
   그 도서관은 내가 매일 공부하는 곳이다.

3. That's **the restaurant where** we had our first date.
   거기가 우리가 처음 데이트한 식당이다.

4. This is **the street where** I grew up.
   여기가 내가 자란 거리야.

5. The museum is **the place where** I saw amazing art pieces.
   그 박물관은 내가 놀라운 예술 작품을 본 곳이다.

6. This park is **the place where** I like to take long walks.
   이 공원이 내가 긴 산책을 즐기는 곳이다.

7. The beach is **where** we spent our summer vacation.
   그 해변은 우리가 여름 휴가를 보낸 곳이다.

   > 앞에 장소 표현을 생략하고 where만 쓰기도 한다.

8. This café is **where** I enjoy reading books.
   이 카페가 내가 책을 읽는 곳이다.

9. The mountain is **where** we go hiking every weekend.
   이 산이 우리가 매주 주말에 등산하는 곳이다.

10. This is the school **where** I studied for many years.
    여기가 내가 여러 해 동안 공부한 학교다.

11. The park is **where** I walk my dog in the evenings.
    그 공원은 내가 저녁에 개와 산책을 하는 곳이다.

12. This theater is **where** I watched my favorite movie.
    이 극장이 내가 내가 좋아하는 영화를 본 곳이다.

13. The garden is **where** I grow flowers and vegetables.
    그 정원은 내가 꽃과 야채를 키우는 곳이다.

14. This is **the shop where** I buy my groceries.
    이곳이 내가 식료품을 사는 상점이다.

#02: when이 등장하는 영순법 문장도 맹연습을 통해 완전히 내 것으로 만들자!

1. Summer is **the season when** I go on vacation.
   여름은 내가 휴가를 가는 계절이다.

2. Morning is **the time when** I enjoy a cup of coffee.
   아침이 내가 커피 한 잔을 즐기는 시간이다.

3. Friday is **the day when** I finish work early.
   금요일이 내가 일찍 일을 마치는 날이다.

4. Birthday is **the special day when** I celebrate with friends.
   생일은 내가 친구들과 함께 축하하는 특별한 날이다.

5. Spring is **the season when** flowers bloom.
   봄은 꽃이 피는 계절이다.

6. Evening is **the time when** I relax.
   저녁은 내가 편안하게 쉬는 시간이다.

7. Monday is **the day when** I start a new week.
   월요일은 내가 새로운 주를 시작하는 날이다.

8. Christmas is **the holiday when** I exchange gifts.
   크리스마스는 내가 선물을 교환하는 휴일이다.

9. Winter is **the season when** it snows.
   겨울은 눈이 오는 계절이다.

10. Night is **the time when** I go to bed.
    밤은 내가 잠자리에 드는 시간이다.

11. New Year's Eve is **the night when** I count down to midnight.
    연말은 내가 자정까지 카운트다운을 세는 밤이다.

12. Weekends are **the time when** I spend with family.
    주말은 내가 가족과 보내는 시간이다.

 **Review Test** 공부한 내용을 테스트를 통해 복습해보아요.

A 다음 퀴즈에 답하시오.

① 장소표현 뒤에 주로 나오는 말? ▶

② 시간표현 뒤에 주로 나오는 말? ▶

B 영어단어의 순서를 배열하시오.

③ building | two | the | the | where | heroes | met | is | now | a | national | monument

두 명의 영웅들이 만났었던 그 빌딩은 국가적인 기념물이 되었다.

④ Can | you | find | out | the | meet | to | place | we | promised | where | ?

너는 우리가 만나기로 한 그 장소를 발견할 수 있겠니?

⑤ The city | is | place | be | the | next | where | Winter Olympics | held | the | will

그 도시는 다음 동계올림픽이 개최되는 장소이다.

⑥ The | JFK International airport | the | place | was | where | the | threatened | terrorists | people

JFK국제공항은 테러리스트들이 사람들을 위협했던 장소였다.

C 다음 문장을 정확히 해석해보시오.

⑦ Does he recall the time when he and his family went to Tokyo?

⑧ I wonder if my wife remembers the time when we took a trip together.

Answer

① where
② when
③ The building where the two heroes met is now a national monument.
④ Can you find out the place where we promised to meet?
⑤ The city is the place where the next Winter Olympics will be held.
⑥ The JFK International airport was the place where the terrorists threatened people.
⑦ 그는 그와 그의 가족이 도쿄에 갔었던 그 때를 기억해 낼 수 있는가?
⑧ 나는 나의 아내가 우리가 함께 여행 갔었던 그 때를 기억하는지 궁금하다.

*The only way to do great work is
to love what you do.*

- Steve Jobs –

위대한 일을 하는 유일한 방법은
당신이 하는 일을 사랑하는 것이다.

14강의 목표
관계부사의 다양한 쓰임을 알고 자신감을 가진다!

14강의 내용
- 영순법 14-1 : the reason + why
- 영순법 14-2 : the way / how

CHAPTER 14

the reason + why, the way / how

관계부사 2

14강 핵심요약강의

큐알코드를 찍으면
핵심 요약강의를 수강하실 수 있습니다.

관계부사 2
the reason + why, the way / how

영순법 14-1
The reason + Why

영순법 14-1강의 핵심

영어문장을 볼 때 한시도 잊어서는 안된다. 영어문장에서 모든 단어가 동등한 자격으로 보이는 것이 아니라 핵심적 단어 순서가 느껴져야 한다.
이번엔 the reason 다음에 등장하는 why 이다.
<u>'why 이하인 the reason' 이라는 식으로 해석을 잡으면 된다.</u>
(이 때, reason과 why 둘 중에 하나를 생략해도 무방하다.)

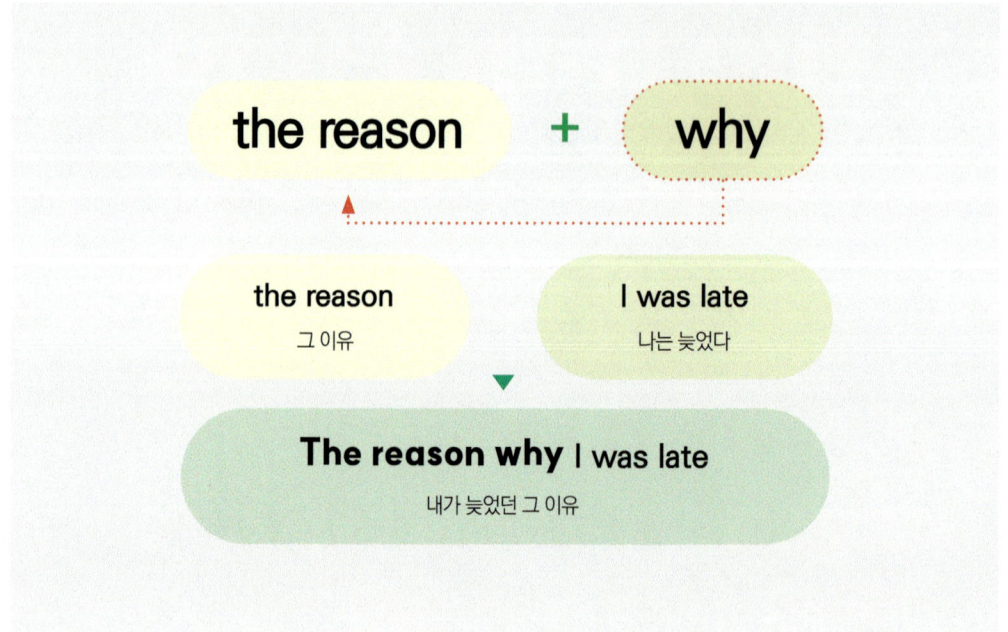

문장으로 써보면
▼

> **This is the reason why I was late for the class.**
> 이것은 내가 수업에 늦었던 이유이다.

- ✅ This is **the reason why** you got an F on this test.
  이것이 네가 시험에서 F를 받은 이유이다.
- ✅ This is **the reason why** I didn't do my homework.
  이것이 내가 숙제를 하지 않은 이유이다.
- ✅ This is **the reason why** I fought with him.
  이것이 내가 그와 싸운 이유이다.
- ✅ This is **the reason why** Jack become a doctor.
  이것이 잭이 의사가 된 이유이다.
- ✅ This is **the reason why** Kate loves him.
  이것이 케이트가 그를 좋아하는 이유이다.

삶의 지혜를 주는
📝 **English Proverb**

A picture is worth a thousand words.
백 번 듣는 것보다 한번 보는 게 낫다.

사진 한 장이 천 마디의 말보다 더 많은 정보를 전달할 수 있다는 의미! 이미지나 시각적인 표현이 글이나 말보다 더 효과적으로 상황을 전달하거나 감정을 표현할 수 있을 때가 많죠?

영순법 다지기 14-1

'the reason why' 표현이 문장에서 도드라지게 보여야 한다. 관계부사니 하는 문법용어를 이해하는 것이 중요한 것이 아니라, 아래 문장들을 많이 보아 the reason why 라는 문장의 쓰임새에 익숙해지는 것이 중요하다.

1. This is **the reason why** people like you.
   이것은 사람들이 너를 좋아하는 이유이다.

2. This is **the reason why** you need to study Chemistry.
   이것은 네가 화학을 공부하는 것이 필요한 이유이다.

3. This is **the reason why** I like to go to the café.
   이것은 내가 카페에 가고 싶어하는 이유이다.

4. This is **the reason why** he wants to meet her every day.
   이것은 그가 그녀를 매일 만나고 싶어하는 이유이다.

5. We have **the reason why** we come to this class every weekend.
   우리는 이 수업에 매주 주말에 오는 이유가 있다.

6. This is **the reason why** we don't like going to the party.
   이것은 우리가 파티에 가는 것을 좋아하지 않는 이유이다.

7. I have more than **hundred reasons why** I love you.
   나는 너를 사랑하는 이유가 100가지 넘게 있다.

8. She has **some reasons why** she doesn't like Katie.
   그녀는 케이티를 싫어하는 이유가 몇 가지 있다.

9. This is **the reason why** I don't eat ice cream.
   이것이 내가 아이스크림을 먹지 않는 이유이다.

영순법 14-2
the way / how

 영순법 14-2강의 핵심

문장 중간에 the way 혹은 how 라는 단어가 보일 때가 있다.
대개의 경우 the way 와 how 라는 단어를 '~하는 방법' 이라고 해석하면 된다.
(the way와 how는 어울리지 못하는 천적이다. 절대 같이는 못 쓰고, 둘 중 하나만 써야 함도 꼭 기억하자!
문법 시험 포인트!)

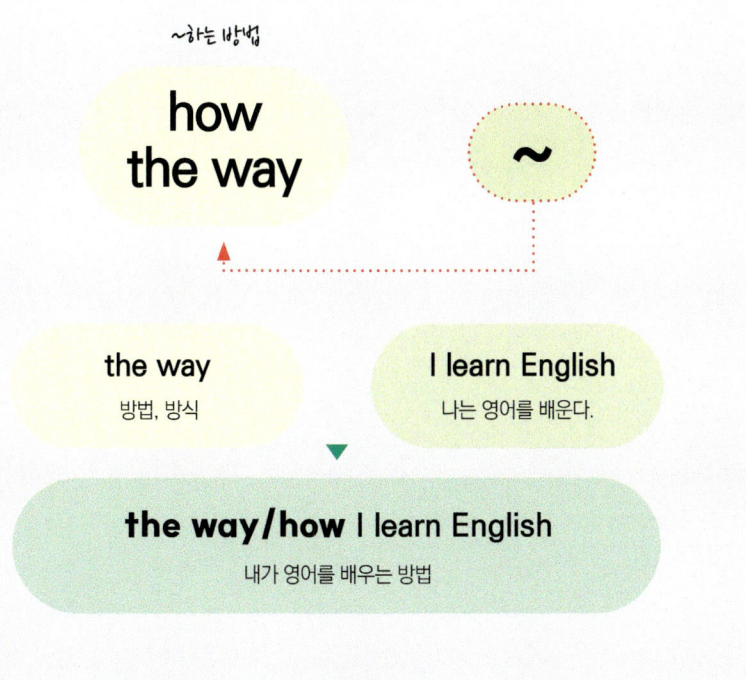

how 를 사용한 문장으로 쓰면

> **This is how I learn English in JEFFSTUDY.**
> 이것은 내가 제프스터디에서 영어를 배우는 방법이다.

- ✅ This is **how** I drive a car.   이것이 내가 운전하는 방법이다.
- ✅ This is **how** I eat a hamburger.   이것이 내가 햄버거를 먹는 방법이다.
- ✅ This is **how** Koreans play soccer.   이것이 한국인들이 축구를 하는 방법이다.
- ✅ This is **how** Jack fixes the computer.   이것이 잭이 컴퓨터를 고치는 방법이다.

the way 를 사용한 문장으로 쓰면

> **This is the way I learn English in JEFFSTUDY.**
> 이것은 내가 제프스터디에서 영어를 배우는 방법이다.

- ✅ This is **the way** I drive a car.   이것이 내가 운전하는 방법이다.
- ✅ This is **the way** I eat hamburger.   이것이 내가 햄버거를 먹는 방법이다.
- ✅ This is **the way** Koreans play soccer.   이것이 한국인들이 축구를 하는 방법이다.
- ✅ This is **the way** Jack fixes the computer.   이것이 잭이 컴퓨터를 고치는 방법이다.

영순법 다지기 14-2

문장의 중간에 how 나 the way 를 만났을 때 어떤 해석을 해야 하는지를 잘 떠올려보자. 일단 how 나 the way 란 단어가 나오면 꼭 동그라미 치는 습관을 들이자. 그만큼 영어문장에서 the way 와 how 라는 단어는 매우 강력한 해석의 Key를 주는 중요한 단어이다. 기억할 점은 절대 두 단어는 함께 못쓴다는 사실! 매우 단순하지만, 중요한 문법 포인트임을 다시한번 강조한다!

1. That is **how** I solved the problem.
   그것은 내가 문제를 풀었던 방식이다.

2. This is **how** I learn a new language.
   이것은 내가 새로운 언어를 배우는 방식이다.

3. This is **how** I learn new skills in a new environment.
   이것은 내가 새로운 환경에서 새로운 기술을 배우는 방법이다.

4. The presentation shows **how** the team has tried hard to plan for their project.
   그 프레젠테이션은 그 팀이 그 프로젝트를 기획하기 위해 얼마나 열심히 노력을 했는지 보여준다.

5. This is **how** many young Korean soldiers play soccer.
   이것이 많은 젊은 한국 군인들이 축구를 하는 방식이다.

6. I like **the way** he lives.
   나는 그가 살아가는 방법이 좋다.

7. This is **the way** I love you.
   이것은 내가 너를 사랑하는 방식이다.

8. I want to learn **the way** you use to improve yourself.
   나는 네가 너 자신을 발전시키기 위해 사용하는 방법을 배우고 싶다.

9. This is **the way** I survive in a difficult situation.
   이것은 내가 어려운 상황에서 생존하는 방법이다.

10. This is **the way** many Korean-American speaks Korean.
    이것이 많은 한국계 미국인들이 한국어를 말하는 방식이다.

영순법 맹연습!

#01: 맹연습만이 영어고수로 가는 길! 좀 더 많은 문장을 통해 확실히 **the reason why** 쓰임을 완전히 내 것으로 만들자!

1. The mistake is **the reason why** I apologized.
   그 실수가 내가 사과한 이유다.

2. Rain is **the reason why** the picnic got canceled.
   비가 소풍이 취소된 이유다.

3. Lack of sleep is **the reason why** I feel tired.
   수면 부족이 내가 피로한 이유다.

4. Traffic jam is **the reason why** I arrived late.
   교통 정체가 내가 늦게 도착한 이유다.

5. A flat tire is **the reason why** the car stopped.
   펑크난 타이어가 차가 멈춘 이유다.

6. My keys is **the reason why** I couldn't enter.
   내 열쇠가 내가 들어가지 못한 이유다.

7. Bad weather is **the reason why** the flight was delayed.
   나쁜 날씨가 비행이 지연된 이유다.

8. Computer issues are **the reason why** I couldn't submit.
   컴퓨터 문제가 내가 제출하지 못한 이유다.

9. Family emergency is **the reason why** I had to leave early.
   가족 긴급 상황이 내가 일찍 떠나야 했던 이유다.

10. Heavy workload is **the reason why** I'm stressed.
    많은 업무량이 내가 스트레스 받는 이유다.

11. The noise outside is **the reason why** I couldn't concentrate.
    밖의 소음이 내가 집중하지 못한 이유다.

12. The long line at the store is **the reason why** I'm late.
    가게 앞의 긴 줄이 내가 늦은 이유다.

13. Phone battery problem is **the reason why** I couldn't call.
    핸드폰 배터리 문제가 내가 전화를 못한 이유다.

14. Forgetting the umbrella is **the reason why** I got wet.
    우산을 잊어버린 게 내가 젖은 이유다.

#02: **how** 혹은 **the way** 를 써서 '~하는 방법' 이라는 표현을 맹연습해보자! the way와 how는 절대 함께 쓸 수 없고 반드시 둘 중 하나만 써야 함을 잊지 말자!

1. This is **how** I cook my favorite pasta.
   이게 내가 좋아하는 파스타를 요리하는 방법이다.

2. That's **how** I fix my bicycle when it's broken.
   그게 자전거가 고장 났을 때 내가 고치는 방법이다.

3. This is **how** I make a delicious sandwich.
   이것이 내가 맛있는 샌드위치를 만드는 방법이다.

4. This is **how** I organize my desk for productivity.
   이게 내가 생산성을 높이기 위해 책상을 정리하는 방법이다..

5. That's **how** I study for exams and get good grades.
   그게 내가 시험 공부하고 좋은 성적을 받는 방법이다.

6. This is **how** I clean my room quickly and efficiently.
   이게 빠르고 효과적으로 내 방을 청소하는 방법이다.

7. That's **how** I save money for my future plans.
   그게 내가 미래 계획을 위해 돈을 모으는 방법이다.

8. This is **how** I stay healthy with regular exercise.
   이것이 내가 규칙적인 운동으로 건강을 유지하는 방법이다.

9. This is **how** I handle stress in challenging situations.
   이게 어려운 상황에서 스트레스를 다루는 방법이다.

10. That's **how** I manage my time effectively at work.
    그게 내가 직장에서 시간을 효과적으로 관리하는 방법이다.

11. This is **how** I stay positive during tough times.
    이것이 내가 어려운 시기에 긍정적인 태도를 유지하는 방법이다.

12. This is **how** I prepare a quick and healthy breakfast.
    이게 내가 빠르고 건강한 아침 식사를 준비하는 방법이다.

13. That's **how** I navigate through a new city without getting lost.
    그게 내가 길을 잃지 않고 새로운 도시를 돌아다니는 방법이다.

14. This is **how** I stay focused when working on important tasks.
    이것이 내가 중요한 작업에 집중하는 방법이다.

15. This is **how** I learn a new language efficiently.
    이것이 내가 효과적으로 새로운 언어를 배우는 방법이다.

 **Review Test** 공부한 내용을 테스트를 통해 복습해보아요.

A 다음 퀴즈에 답하시오.

① the reason 뒤에 주로 나오는 말? ▶

② how라는 단어와 앙숙관계 (절대 함께 못 나오는) 단어는? ▶

B 영어단어의 순서를 배열하시오.

③ Jack | forgot | to | his | the | he | why | room | went | reason

잭은 그가 그의 방에 갔었던 이유를 잊어버렸다.

④ She | doesn't | know | her | he | reason | dislikes | why | the

그녀는 그가 그녀를 싫어하는 이유를 알지 못한다.

⑤ He | couldn't | understand | reason | the | he | failed | test | his | why

그는 그가 시험에 실패 했었던 이유를 이해하지 못한다.

⑥ He | thought | his | girlfriend | is | college | he | reason | should | to | why | the | go | the

그는 그의 여자친구가 그가 그 대학에 가야만 하는 이유라고 생각했다.

C 다음 문장을 정확히 해석해보시오.

⑦ Please explain to me how you passed the audition.

⑧ Jeff told me how he got her love suddenly.

⑨ Tell me the way you achieved your goal.

⑩ She told me the way you behaved when I wasn't there.

Answer

① why
② the way
③ Jack forgot the reason why he went to his room.
④ She doesn't know the reason why he dislikes her.
⑤ He couldn't understand the reason why he failed his test.
⑥ He thought his girlfriend is the reason why he should go to the college.
⑦ 네가 오디션에 통과했던 방법을 나에게 설명해줘.
⑧ 제프는 갑작스럽게 그녀의 사랑을 얻은 방법에 대하여 나에게 말해주었다.
⑨ 나에게 네가 너의 목표를 달성했던 방법을 말해줘.
⑩ 그녀는 나에게 내가 거기에 없었을 때 네가 행동했던 방법(방식)에 대해 말해주었다.

15강의 목표
유창한 영어의 필수품 what에 대해 자신감을 가진다!

15강의 내용
- 영순법 15 : what + 허전한 문장

what + 허전한 문장
유창한 영어의 필수품 what 에 대해 파헤친다!

15강 핵심요약강의

큐알코드를 찍으면
핵심 요약강의를 수강하실 수 있습니다.

유창한 영어의 필수품 what 에 대해 파헤친다!

15 what + 허전한 문장

영순법 15
what + 허전한 문장

영순법 15강의 핵심

what의 뜻은 기본적으로 '무엇' 이라는 뜻이다.
하지만, what 이하에 뭔가 하나 빠진 느낌이 든다면(=허전한 느낌이 든다면) what 은 반드시 '~하는 것' 이라는 약간은 쌩뚱 맞은 해석을 해야 한다.

*물론 간접의문문 개념으로 보고 what을 '무엇' 이라는 기본적인 뜻으로 해석해도 무방할 때도 있다. 하지만 문장에서 '~하는 것' 이라고 해석하는 편이 이해가 쉬우니 '~하는 것' 이라는 해석을 먼저 떠올리도록 한다.

좀 더 길게 써보면

▼

I want to know what you have in your pocket right now.
나는 지금 당장 너의 주머니에 네가 가지고 있는 것을 알기를 원한다.

- ✅ I want to know **what you had.**
  나는 네가 가지고 있었던 것을 알기를 원한다.

- ✅ I want to know **what you** just **said.**
  나는 네가 방금 말했던 것을 알기를 원한다.

- ✅ I want to know **what you wrote** on that letter.
  나는 네가 그 편지에 쓴 것을 알기를 원한다.

- ✅ I want to know **what Kate thinks** about me.
  나는 케이트가 나에 대해 생각하는 것을(어떻게 생각하는 지를) 알기를 원한다.

- ✅ I want to know **what he said** to Kate.
  나는 그가 케이트에게 말했던 것을 알기를 원한다.

삶의 지혜를 주는
🖉 English Proverb

Bad news travels quickly.
나쁜 소식은 빨리 퍼진다.

부정적인 정보나 사건이 사람들 사이에서 빠르게 확산되는 경향이 있죠?

영순법 다지기 15

다지기를 통해 확실히 내 것으로 만들자!

what은 영어문장에서 해석의 키를 쥐고 있는 중요한 단어이다. what 이라는 단어에 주목하고 그 뒤가 허전한지 그렇지 않은 지를 꼭 따져보는 습관을 들이자.

1. I want to know **what you are** thinking.
   나는 네가 생각하는 것을 알기를 원한다.

2. This is exactly **what Tom wanted.**
   이것은 정확히 톰이 원하는 것이다.

3. I couldn't hear **what you said** because of the noise.
   나는 소음 때문에 네가 말하는 것을 듣지 못했다.

4. This camera is **what my brother wanted** exactly.
   이 카메라는 정확히 내 동생이 원했던 것이다.

5. I don't know **what I want.**
   나는 내가 원하는 것을 모른다.

6. I understood **what you explained** to me.
   나는 네가 나에게 설명해줬던 것을 이해했다.

7. This is **what he is** going to change.
   이것이 그가 바꿔야 하는 것이다.

8. I wanted to do **what she wanted** to do.
   나는 그녀가 하기를 원했던 것을 하기를 원했다.

9. Traveling to Europe is **what I hope** to do for next year.
   유럽여행은 내가 내년에 하고싶은 일이다.

10. This book explains **what we need** to do during rest of our life.
    이 책은 우리가 남은 생애에서 해야 할 일을 설명해준다.

 영순법 맹연습!

입에서 술술 나올 수 있도록 맹연습을 통해 좀 더 what을 확실히 내 것으로 만들자!

1. I want to know **what he ate** for breakfast.
나는 그가 아침에 먹었던 것을 알고 싶어.

2. Tell me **what she thinks about** the new movie.
나에게 그녀가 새 영화에 대해 생각하는 것을 말해줘.

3. I wonder **what they did** during the weekend.
나는 주말동안 그들이 했던 것이 궁금해.

4. Let me know **what you said** to him yesterday.
어제 네가 그에게 말한 것을 나에게 알려줘.

5. She asked **what I bought** at the store.
그녀는 내가 상점에서 산 것을 물어봤어.

6. Can you show me **what you drew** in art class?
미술 수업에서 네가 그렸던 것을 보여줄 수 있어?

7. Tell me **what inspired you** to pursue this career.
네가 이 경력을 쌓기 위해 너에게 영감을 주었던 것을 말해봐.

8. Let me know **what you think about** the current situation.
현재 상황에 대해 네가 생각하는 것을 나에게 알려줘.

9. I want to know **what you did** to solve the issue.
나는 문제를 해결하기 네가 했던 것을 알고 싶어.

10. Can you show me **what you wrote** in your journal?
네가 일기에 쓴 것을 보여줄 수 있어?

Review Test 공부한 내용을 테스트를 통해 복습해보아요.

A 다음 퀴즈에 답하시오.

① what의 두 가지 뜻? ▶

② what이 '~하는 것'이라는 해석이 될 때 what 뒤의 문장은 어떠한가? ▶

B 영어단어의 순서를 배열하시오.

③ really | what | knows | want | I | she
그녀는 내가 진정으로 원하는 것을 안다.

④ want | know | I | want | you | to | really | what
나는 네가 진정으로 원하는 것을 알기를 원한다.

⑤ Jane | hopes | has | to | what | now | her | sister | right | have
제인은 당장 그녀의 여동생이 가지고 있는 것을 가지는 것을 희망한다.

⑥ Teachers | must | lecture | on | students | what | know | don't
선생님들은 학생들이 알지 못하는 것에 대하여 강의해야만 한다.

C 다음 문장을 정확히 해석해보시오.

⑦ The color of this laptop is a little different from what my son wants.

⑧ This credit card's spending limit is a little lower than what I expected.

⑨ Wayne Rooney's football skills are what England needs to win the World Cup.

⑩ These cookies that Mrs. Smith baked are exactly what her two sons asked for.

Answer

① 무엇, ~하는 것
② 허전
③ She knows what I really want.
④ I want to know what you really want.
⑤ Jane hopes to have right now what her sister has.
⑥ Teachers must lecture on what students don't know.
⑦ 이 노트북의 색깔은 나의 아들이 원하는 것과 다르다.
⑧ 이 신용카드의 한도는 내가 기대했던 것보다 약간 더 낮다.
⑨ 웨인 루니의 축구 실력은 영국이 월드컵 대회를 승리하기 위하여 필요로 하는 것이다.
⑩ 미세스 스미스가 구워 주셨던 이 쿠키들은 그녀의 두 아들이 요청했던 것이다.

📍 16강의 목표
be동사와 that이 붙어 있을 때의 해석법을 정확히 익힌다.

📍 16강의 내용
- 영순법 16 : S + be + that ~ (S는 that이하이다)

S+be+that~
be 동사 다음에 that 이 나올 때를 알자!

큐알코드를 찍으면
핵심 요약강의를 수강하실 수 있습니다.

16. S+be+that ~

be 동사 다음에 that 이 나올 때를 알자!

영순법 16
S+be+that~ (S는 that 이하이다)

영순법 16강의 핵심

that은 참으로 영어에서 다양한 뜻으로 쓰이는 팔방미인이다.
하지만, that 이라는 단어 앞에 be 동사가 놓여져 있다면 오히려 that의 쓰임새를 알기는 쉬워진다.
'S+ be + that~' 어순이 보일 경우, '주어는 that 이하이다.' 라는 해석법을 꼭 기억하자.
참으로 많이 쓰이는 패턴의 문장이니 반드시 잘 기억하자!

S는 that 이하이다

S + be that ~

The problem is
문제는 ~이다

Jeff isn't here
제프는 여기에 없다

▼

The problem is that Jeff isn't here.
문제는 제프가 여기에 없다는 것이다.

좀 더 길게 써보면

The problem was that Jeff wasn't in his office yesterday.
문제는 어제 제프가 그의 사무실에 없었다는 것이었다.

아래의 문장들을 통해 확실히 'be+that'의 쓰임새에 익숙해져보자. 다시 한 번 강조한다. 문장에서 영단어들이 똑같은 자격으로 평면적으로 보여서는 안된다. JEFF가 강조하는 특정 단어 순서가 두둥실 도드라져 보여야 한다. 그래야 영어가 된다!

- ✅ The problem **is that** I failed on this class.
  문제는 내가 이 수업에서 낙제했다는 것이다.

- ✅ The problem **is that** we don't exercise.
  문제는 우리가 운동을 하지 않는다는 것이다.

- ✅ The problem **is that** we don't have money now.
  문제는 우리가 지금 돈이 없다는 것이다.

- ✅ The problem **is that** I don't know how to speak English.
  문제는 내가 영어를 말하는 법을 모른다는 것이다.

- ✅ The problem **is that** neither I nor she can drive.
  문제는 나도 그녀도 운전을 하지 못한다는 것이다.

삶의 지혜를 주는 🖉 English Proverb

All work and no play makes Jack a dull boy.

공부만 하고 놀지 않으면 바보가 된다.

균형 잡힌 삶을 위해서는 일이나 공부만 하기보다는 여가를 적절히 조화시켜야 하는 게 중요합니다.

다지기를 통해 be동사 다음에 that이 놓여져 있음에 다시 한번 주목하자!

1 The problem **was that** he didn't invite me.
문제는 그가 나를 초대하지 않았다는 것이다.

2 The problem **is that** there is too much trash in this area.
문제는 이 지역에 쓰레기가 너무 많다는 것이다.

3 The problem **was that** they didn't want to make peace.
문제는 그들이 평화로워지기를 원하지 않았다는 것이다.

4 The point **is that** you don't understand this situation.
요점은 네가 상황을 이해하지 못했다는 것이다.

5 The important truth **is that** she doesn't love you anymore.
중요한 사실은 그녀가 너를 더 이상 사랑하지 않는다는 것이다.

6 The solution **is that** we need to work together.
해결책은 우리가 다 함께 열심히 일하는 것이다.

7 The real problem **is that** no one tries to figure out solutions.
정말 문제되는 것은 아무도 해결책을 찾으려 시도하지 않는 것이다.

8 The important thing **is that** I have a dream at least.
중요한 것은 나는 적어도 꿈이 있다는 것이다.

9 The important thing **is tha**t we have nothing to eat for dinner.
중요한 것은 우리가 저녁으로 먹을 것이 없다는 것이다.

10 The problem **is that** there is no more ticket left for Los Angeles.
문제는 로스엔젤레스행 표가 더 이상 남지 않았다는 것이다.

영순법 팽연습!

'**be+that**' 어순은 영어에서 내 생각을 전달하는데 매우 유용하게 사용할 수 있는 표현이다. 완전히 내 것으로 만들어 회화 및 영작에서 많이 활용해 보도록 하자. 항상 강조하지만 문장에서 영어단어들이 똑같은 자격으로 보여서는 안된다. 특정 단어가 도드라지게 보여야 함을 잊지 말자! 이 번 파트에서는 be 와 that 이 도드라지게 보여야 한다.

1. The problem **is that** I can't finish the project.
   문제는 내가 프로젝트를 마치지 못한다는 거야.

2. The issue **is that** he is not meeting the deadlines.
   문제는 그가 마감기한을 지키지 못하고 있다는 거야.

3. The dilemma **is that** we can't find a suitable solution.
   딜레마는 적절한 해결책을 찾지 못하고 있다는 거야.

4. The problem **is that** they aren't following the instructions.
   문제는 그들이 지시를 따르지 않고 있다는 거야.

5. The concern **is that** the budget is exceeding the limits.
   걱정거리는 예산이 한계를 초과하고 있다는 거야.

6. The trouble **is that** the shipment is delayed.
   곤란한 점은 발송이 지연되고 있다는 거야.

7. The problem **is that** communication is breaking down.
   문제는 의사소통이 불안정하다는 거야.

8. The problem **is that** the market demand is unpredictable.
   문제는 시장 수요가 예측할 수 없다는 거야.

9. The challenge **is that** the team is lacking motivation.
   어려움은 팀이 동기부여가 부족하다는 거야.

10. The issue **is that** the data is not accurate.
    그 문제는 데이터가 정확하지 않다는 거야.

11. The complication **is that** we are short-staffed.
    복잡한 점은 인력이 부족하다는 거야.

12. The problem **is that** she is not grasping the concept.
    문제는 그녀가 개념을 이해하지 못하고 있다는 거야.

Review Test
공부한 내용을 테스트를 통해 복습해보아요.

A 다음 퀴즈에 답하시오.

① '나는 내가 했던 일을 여전히 사랑했다'라는 말을 영어로? ▶
② '주어 + be + that'의 해석법은? ▶

B 영어단어의 순서를 배열하시오.

③ fact | you | is | I | like | that | the
사실은 내가 너를 좋아하는 것이다.

④ you | that | noisy | problem | the | are | is | too
문제는 너는 너무 시끄럽다 라는 것이다.

⑤ The | point | is | you | that | to | exercise | have | to | lose | weight
요점은 네가 몸무게를 줄이기 위하여 운동해야만 한다는 것이다.

⑥ The | fact | healthy | is | drinking | water | that | is | for | you
사실은 물을 마시는 것은 너의 건강에 좋다라는 것이다.

C 다음 문장을 정확히 해석해보시오.

⑦ The problem is that students give up too easily in the course.
⑧ Lisa's point was that everyone should try to be optimistic.
⑨ Tom's advantage is that he is attractive, tall, and handsome.
⑩ The solution for protecting the environment is that you should recycle all the time.

Answer

① I still loved what I did.
② 주어는 that이하이다.
③ The fact is that I like you.
④ The problem is that you are too noisy.
⑤ The point is that you have to exercise to lose weight.
⑥ The fact is that drinking water is healthy for you.
⑦ 문제는 학생들이 그 과정에서 너무 쉽게 포기하는 것이다.
⑧ 리사의 요점은 모든 사람들이 낙관적이도록 노력해야만 한다라는 것이다.
⑨ 톰의 장점은 그는 매력적이고, 키가 크고, 잘 생겼다라는 것이다.
⑩ 환경을 보호하기 위한 해결책은 네가 항상 재활용해야 한다는 것이다.

17강의 목표
What과 be that의 결합방법을 알고 세련되고 긴 영어문장 만들기에 자신감을 가진다!

17강의 내용
- 영순법 17 : What ~ be + that ~ (~하는 것은 that이하이다.)

What ~ be+that~

what과 that을 사용한 길고 세련된 영어!

17강 핵심요약강의

큐알코드를 찍으면
핵심 요약강의를 수강하실 수 있습니다.

17

what 과 that 을 사용한 길고 세련된 영어!

what+be+that ~

영순법 17
What ~ be + that ~ (~하는 것은 that 이하이다)

영순법 17강의 핵심

앞에서 배운 내용을 복습해보자.
Q) What 뒤가 허전할 때 what의 해석법은? ▶ ~ 하는 것
Q) Be 동사 다음에 that 있을 때의 해석법은? ▶ ~ that 이하이다

위 두 가지 내용이 결합된 아래 문장을 잘 기억하자!
What ~ be+ that ⋯ ▶ ~하는 것은 ⋯ 이하이다.
영미인들이 매우 자주 구사하는 문장이니 반드시 자신의 것으로 만들자.

I want to say
나는 말하고 싶다

Jeff is kind
제프는 친절하다

▼

What I want to say is that Jeff is kind.
내가 말하고 싶은 것은 제프가 친절하다는 것이다.

좀 더 길게 써보면

What I wanted to say to you **is that** Jeff is good English teacher

내가 너에게 말하기를 원했던 것은 제프는 좋은 영어선생님이라는 것이다.

- ☑ **What** I want to say **is that** we need to leave this place.
  내가 말하고 싶은 것은 우리가 이곳을 떠나야 한다는 것이다.

- ☑ **What** I want to say **is that** I don't know how to speak Korean.
  내가 말하고 싶은 것은 나는 한국어를 할 줄 모른다는 것이다.

- ☑ **What** I want to say **is that** she loves John.
  내가 말하고 싶은 것은 그녀는 존을 좋아한다는 것이다.

- ☑ **What** I want to say **is that** you need to listen to her.
  내가 말하고 싶은 것은 너는 그녀의 말을 들어야 한다는 것이다.

- ☑ **What** I want to say **is that** I am leaving Korea this Friday.
  내가 말하고 싶은 것은 내가 이번 주 금요일에 한국을 떠난다는 것이다.

what과 is와 that이 도드라지게 문장에서 느껴졌다면 당신도 이젠 영어능력자!!! 홧팅!

다시 한번 강조한다. 영어문장에서 모든 단어가 동등하게 평등하게 보여서는 안된다. 단어 수가 많은 긴 문장일수록 문장의 핵심 단어 순서가 눈에 잘 띄어야 한다. 아래 문장들에서는 <u>what과 be that</u> 이라는 단어가 두드러지게 보여야 한다. 그래야 영어가 된다! 할 수 있다!

1. **What** I want to say to you **is that** I love you.
내가 너에게 말하고 싶은 것은 내가 너를 사랑한다는 것이다.

2. **What** I am worried about **is that** he doesn't try enough.
내가 걱정하는 것은 그가 충분히 시도하지 않는다는 것이다.

3. **What** I wanted to tell you **is that** I bought a birthday present for you.
내가 너에게 말하고 싶었던 것은 내가 너를 위해 너의 생일선물을 샀다는 것이었다.

4. **What** I really hope **is that** I go to the U.S. to experience more things.
내가 정말로 희망하는 것은 내가 미국으로 가서 더 많은 것을 경험하는 것이다.

5. **What** I was worried about **is that** I didn't know where you went.
내가 걱정했던 것은 내가 네가 어디 갔는지 모른다는 것이다.

6. **What** I wish to achieve **is that** I learn two languages by next year.
내가 성취하고 싶은 것은 내년까지 두 가지의 언어를 배우는 것이다.

7. **What** I don't want **is that** I fail the test.
내가 원하지 않는 것은 내가 시험에 낙제하는 것이다.

8. **What** I don't want **is that** I become helpless in our group.
내가 원하지 않는 것은 내가 우리 그룹에서 쓸모없는 사람이 되는 것이다.

9. **What** I really wanted to say **is that** I am sorry.
내가 정말 말하고 싶었던 것은 미안하다는 것이다.

10. **What** she really meant **is that** you must be brave.
그녀가 진짜 의미한 바는 네가 용감 해져야 한다는 것이다.

영순법 맹연습!

좀 더 다양한 영어 단어들로 이 핵심 단어순서를 맹연습해보자. 이것에 익숙해지면, 상당히 요긴하게 영작에 활용할 수 있을 것이다. 하면된다! 홧팅!

1. **What** I want to say **is that** Sarah is diligent.
내가 말하고 싶은 것은 사라가 부지런하다는 거야.

2. **What** he told me **is that** Alex is trustworthy.
그가 내게 말한 건 알렉스가 믿을 만하다는 거야.

3. **What** she believes **is that** honesty is crucial.
그녀가 믿는 것은 정직이 중요하다는 거야.

4. **What** they've shown us **is that** teamwork is essential.
그들이 우리에게 보여준 건 팀워크가 필수적이라는 거야.

5. **What** we've learned **is that** perseverance pays off.
우리가 배운 건 인내가 성과를 낸다라는 거야.

6. **What** you've mentioned **is that** Emma is creative.
네가 언급한 건 엠마가 창의적이라는 거야.

7. **What** the report suggests **is that** Jack is reliable.
보고서가 제시한 건 잭이 신뢰할 만하다는 거야.

8. **What** the study confirms **is that** communication is very important.
그 연구가 확인한 건 의사소통이 매우 중요하다는 거야.

9. **What** the data indicates **is that** Lisa is competent.
자료가 나타낸 건 리사가 유능하다는 거야.

🖍 English Proverb
삶의 지혜를 주는

Appearances are deceptive.

겉모습만으로 판단하면 속을 수 있다.

외관이나 첫인상만 보고 어떤 사람이나 상황을 평가하기보다는 더 깊이 내면을 살펴보는 것이 중요하겠죠?

Review Test
공부한 내용을 테스트를 통해 복습해보아요.

A 다음 퀴즈에 답하시오.

① what뒤가 허전할 때 what의 해석법은? ▶
② '주어+be+that…'의 해석법은? ▶

B 영어단어의 순서를 배열하시오.

③ wants to what say that is she she loves him so much
그녀가 말하기를 원하는 것은 그녀가 그를 너무나 사랑한다는 것이다.

④ I what that say you hope to is to you have to study English
내가 너에게 말하기를 희망하는 것은 네가 영어를 공부해야만 한다는 것이다.

⑤ Jane to wants write is that what she thanks her parents
제인이 쓰기를 원하는 것은 그녀가 그녀의 부모님에게 감사하다는 것이다.

⑥ that really Tom me wanted tell was what to I am too noisy
톰이 진정으로 말하기를 원했던 것은 내가 너무 시끄럽다라는 것이다.

C 다음 문장을 정확히 해석해보시오.

⑦ What Jeff really wanted to tell his professor is that he admires him.
⑧ What my mother wants to advise you is that you should stop playing games.
⑨ What I really wanted to tell you was that you were accepted to the college.

> **Answer**
> ① ~하는 것
> ② 주어는 that이하이다.
> ③ What she wants to say is that she loves him so much.
> ④ What I hope to say to you is that you have to study English.
> ⑤ What Jane wants to write is that she thanks her parents.
> ⑥ What Tom really wanted to tell me was that I am too noisy.
> ⑦ 제프가 진정으로 그의 교수님에게 말하기를 원했던 것은 그가 그를 존경한다는 것이다.
> ⑧ 나의 엄마가 너에게 충고하기를 원하는 것은 너는 게임을 하는 것을 멈춰야만 한다라는 것이다.
> ⑨ 내가 진정으로 너에게 말해주고 싶은 것은 네가 대학에 합격되었다라는 것이다.

18강의 목표
동격의 that에 자신감을 가진다!

18강의 내용
- 영순법 18 : 동격의 that

명사 + 동격의 that + S+V

동격의 that도 JEFF 식으로 알면 쉽다!

18강 핵심요약강의

큐알코드를 찍으면
핵심 요약강의를 수강하실 수 있습니다.

동격의 that도 JEFF 식으로 알면 쉽다!

명사+동격의 that+S+V

영순법 18

동격의 that

🚩 **영순법 18강의 핵심**

영어의 핵심은 단어의 순서다. 아래 명사들 다음에 that 이라는 단어가 오면 that은 '**~라는**' 이라는 해석을 만들어낸다. 이를 '동격의 that' 이라 한다.
동격의 that 뒤는 뭔가 하나 빠진듯한 허전한 문장이 아니라, 완벽한 문장이 옴에 유의하자.

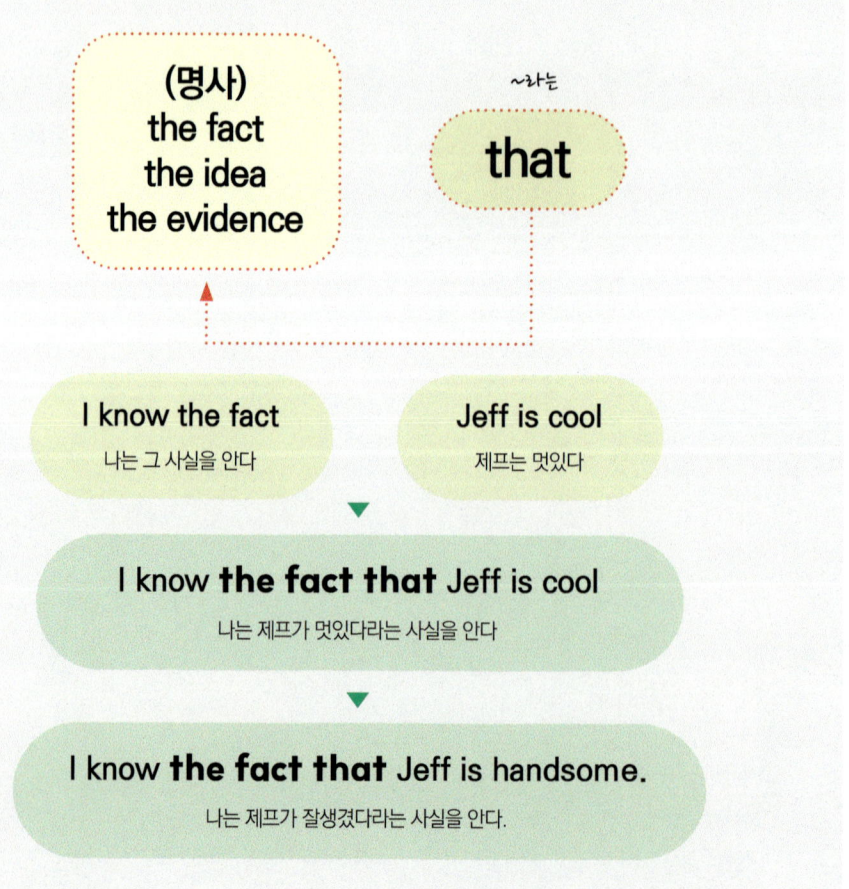

좀 더 길게 써보면

> She knows **the fact that** JEFFSTUDY is a really good website.
> 그녀는 제프스터디가 정말로 좋은 웹사이트라는 사실을 안다.

- ✅ She knows **the fact that** Tim is taller than me.
  그녀는 팀이 나보다 크다라는 사실을 안다.

- ✅ She knows **the fact that** nobody really knows the answer.
  그녀는 아무도 답을 모른다는 사실을 안다.

- ✅ She knows **the fact that** she is late for the next class.
  그녀는 그녀가 다음수업에 늦는다는 사실을 안다.

- ✅ She knows **the fact that** he was already married.
  그녀는 그가 이미 결혼했다는 사실을 안다.

- ✅ She knows **the fact that** I did not graduate high school.
  그녀는 내가 고등학교를 졸업하지 않았다는 사실을 안다.

영순법 다지기 18

다지기를 통해 확실히 내 것으로 만들자!

특정 명사(the fact, the idea, the evidence 등)뒤의 that 은 '~라는' 이라는 뜻을 만들어냄을 꼭 기억하자! that은 영어에서 정말 다양한 의미로 쓰인다.
그만큼 한국인에게는 쉽지만은 않은 단어이지만, 특정단어**(the fact, the idea, the evidence 등)** 뒤에 등장하는 that은 거의 '~라는' 뜻을 가지는 '동격' 의 that 으로 쓰임을 꼭 기억하자!

1   I have **the evidence that** you stole my car.
나는 네가 내 차를 훔쳤다는 증거를 가지고 있다.

2   **The fact that** she is so beautiful is very clear.
그녀가 매우 아름답다는 사실은 정말로 분명하다.

3   **The fact that** our exam was difficult was proved by other students.
우리 시험이 어렵다는 사실은 다른 학생들에 의해 증명되었다.

4   **The idea that** the death penalty should be abolished will get stronger.
사형이 철회되어야 한다는 생각은 더욱 강해질 것이다.

🖊 English Proverb
삶의 지혜를 주는

Actions speak louder than words.

말보다 행동이 중요하다.

행동이 말보다 더 많은 것을 말해준다는 의미! 즉, 사람이 말로만 하는 것보다 실제로 어떻게 행동하느냐가 그 사람의 진짜 의도나 성격을 더 잘 보여주는 경우가 많습니다.

영순법 맹연습!

좀 더 많은 예문을 통해 동격의 that에 완전히 익숙해져 보자. 동격의 that을 이해하고 응용할 수 있는 힘은 많은 예문을 통한 반복의 힘에서 온다. 하면된다! 힘을 내자!

1. I understand **the fact that** she is not interested.
   그녀가 관심이 없다는 사실을 이해한다.

2. He knows **the fact that** teamwork is crucial.
   팀워크가 중요하다는 사실을 안다.

3. They acknowledge **the fact that** the project is behind schedule.
   그들은 프로젝트가 일정이 지연되었다는 사실을 인정한다.

4. We recognize **the idea that** innovation drives progress.
   우리는 혁신이 진보를 이끈다는 생각을 알고 있다.

5. She grasps **the fact that** honesty is paramount.
   그녀는 정직이 가장 중요하다는 사실을 이해해.

6. They accept **the idea that** change is inevitable.
   그들은 변화가 불가피하다라는 생각을 받아들인다.

7. He acknowledges **the fact that** mistakes were made.
   그는 실수가 있었다라는 사실을 인정한다.

8. She understands **the fact that** diversity fosters creativity.
   그녀는 다양성이 창의성을 길러준다라는 사실을 이해해.

9. He acknowledges **the fact that** he needs help.
   그는 도움이 필요하다는 사실을 인정한다.

10. She accepts **the idea that** challenges help build character.
    그녀는 도전이 성격을 형성하는 것을 돕는다라는 아이디어를 받아들인다

11. I acknowledge **the fact that** I need to improve.
    나는 나의 개선이 필요하다는 사실을 인정해.

12. He grasps **the idea that** failure is a part of learning.
    그는 실패가 학습의 한 부분이라는 생각을 이해한다.

13. They understand **the fact that** communication is very important.
    그들은 커뮤니케이션이 아주 중요하다라는 사실을 이해한다.

14. We acknowledge **the idea that** perseverance leads to success.
    우리는 인내가 성공으로 이끈다는 생각을 인정해.

Review Test
공부한 내용을 테스트를 통해 복습해보아요.

A 다음 퀴즈에 답하시오.

① that이 '~라는' 이라는 뜻을 만들어 낼 때 that앞에 위치하는 단어 세 가지? ▶

② "that 뒤가 뭔가 하나 빠진 듯한 느낌이 들어 허전할 때는 that은 _____로 쓰인 것이다. that 뒤가 허전하지 않으면서 그 앞에 the fact, the idea, the evidence 등의 단어가 있을 때 that 은 _____으로 쓰인 것이다. ▶

B 영어단어의 순서를 배열하시오.

③ that | I | the | know | like | me | fact | you
나는 네가 나를 좋아한다라는 사실을 안다.

④ I | like | finished | fact | that | finally | I | the | my | work
나는 내가 드디어 나의 일을 끝냈다라는 사실을 좋아한다.

⑤ homework | that | the | I | have | much | fact | don't | made | me | happy
내가 많은 숙제를 가지고 있지 않다라는 사실은 나를 행복하게 만들었다.

⑥ attractive | the | that | very | Jeff | is | fact | is | known | to | everybody
제프가 매우 매력적이다라는 사실은 모든 사람들에게 알려져 있다.

C 다음 문장을 정확히 해석해보시오.

⑦ I respect the idea that everybody should be treated equally.
⑧ I have to admit the truth that Rachel is better at bowling.

Answer

① the fact, the idea, the evidence
② 관계대명사, 동격의 that
③ I know the fact that you like me.
④ I like the fact that I finally finished my work.
⑤ The fact that I don't have much homework made me happy.
⑥ The fact that Jeff is very attractive is known to everybody.
⑦ 나는 모든 사람들이 동등하게 대접받아야만 한다라는 생각을 존중한다.
⑧ 나는 레이첼이 볼링을 더 잘한다라는 사실을 인정해야만 한다.

📍 19강의 목표
명사 다음에 ~ing가 나왔을 때 자신감을 가진다!

📍 19강의 내용
- 영순법 19 : 명사 + ~ing

CHAPTER

명사 + ~ing

명사 다음에 ~ing 표현이 나올 때!

19강 핵심요약강의

큐알코드를 찍으면
핵심 요약강의를 수강하실 수 있습니다.

명사 다음에 ~ing 표현이 나올 때!
명사 + ~ing

 영순법 19
명사 + ~ing

영순법 19강의 핵심

영어의 핵심은 단어의 순서감각이라고 했다.
명사 표현이 나오고 그 뒤에 동사에 ~ing 를 붙인 모양이 있다고 하면
그 해석요령은 아래와 같다.

~ing 표현이 앞의 명사를 수식하는 느낌으로 해석을 잡는다.

여기서 잠깐!
물론 예외적인 상황도 있지만, 일단은 뒤에서 앞을 수식하는 구조로 쓰임이 가장 많으며 이 해석법을 기본으로 기억해 두어야 합니다. '관계대명사+be 동사'의 생략으로 이해할 때 문법적으로 올바른 접근법이지만 일단 영순법 스텝2 과정에서는 간단히 '~ing가 앞의 명사를 수식한다' 라는 결론적 사실에만 주목합니다.

- ☑ I saw **the boy dancing** on the floor.
  나는 바닥에서 춤을 추고 있는 소년을 보았다.
- ☑ I saw **the man driving** very expensive car.
  나는 매우 비싼 차를 운전하고 있는 남자를 보았다.
- ☑ I saw **the boy standing** still in a dangerous place.
  나는 위험한 장소에서 가만히 서있는 남자 아이를 보았다.

의문문으로 만들어보면

Do you know the man singing on the stage?

너는 무대에서 노래를 부르고 있는 남자를 아니?

- ☑ Do you know **the boy dancing** on the floor?
  너는 바닥에서 춤을 추고 있는 소년을 아니?
- ☑ Do you know **the man driving** very expensive car?
  너는 매우 비싼 차를 운전하고 있는 남자를 아니?
- ☑ Do you know **the boy standing** still in a dangerous place?
  너는 위험한 장소에서 계속 서있는 남자 아이를 아니?

삶의 지혜를 주는 English Proverb

Experience is the best teacher.

경험이 최고의 스승이다.

실제로 직접 경험해보는 것이 이론적인 학습보다 더 효과적으로 지식을 얻고 교훈을 얻는 방법이죠.

영순법 다지기 19

다지기를 통해 확실히 내 것으로 만들자!

JEFF가 강조하는 특정 단어 순서에 눈이 번쩍 뜨여야 한다.
〈 명사 + ~ing 〉 구조에 눈을 크게 떠라. 뒤의 ~ing가 앞의 명사를 수식하는 구조임을 잊지 말자!

1 **The man speaking** to the president is my father.
대통령에게 말하고 있는 남자는 나의 아버지이다.

2 **The fence surrounding** our house is made of wood.
우리의 집을 둘러싸고 있는 울타리는 나무로 만들어졌다.

4 I know **the man speaking** in front of our class.
나는 우리반 앞에서 말하는 그 남자를 안다.

5 **The child crying** for an hour is my cousin.
한 시간 동안 울고 있는 그 아이는 내 사촌이다.

6 I saw **the movie star acting** in famous Hollywood movies.
나는 유명한 할리우드 영화에 나오는 그 영화배우를 봤다.

7 **The disease causing** deaths of humans should be cured.
사람들의 죽음을 일으킬 수 있는 그 질병은 치료되어야 한다.

8 I can't forget **the person singing** during the festival of our college.
나는 우리 대학교 축제 때 노래 불렀던 그 사람을 잊을 수 없다.

❗ Watch Out 다음 내용에 유의하자!

명사 뒤에 ~ing가 나온다고 해서 무조건 수식구조인 것은 아니다. 수식구조로 파악했을 때 해석이 어색하지 않을 때만 수식 구조로 파악해야 함을 기억하자.
수식구조가 어색할 때는 아래 예에서 보는 바와 같이 ~ing가 그냥 '~하면서' 라는 가벼운 해석으로 해야 할 때도 있다.

☑ I went home singing a song.   * '노래를 부르는 집' 이라는 표현은 어색하다.
　(나는 노래를 부르며 집에 갔다.)　　고로 수식구조가 아니다. 가볍게 '~하면서' 라는 해석을 붙인다.

☑ He was singing a song smiling brightly.
　(그는 밝게 미소를 지으며 노래를 불렀다.)

 공부한 내용을 테스트를 통해 복습해보아요.

A 다음 퀴즈에 답하시오.

① '명사 + ~ing'의 기본해석법은? ▶
② '명사 + ~ing'가 수식구조가 어색할 때는 어떤 해석법이 필요한가? ▶

B 영어단어의 순서를 배열하시오.

③ the | I | boy | park | around | the | saw | running
나는 공원을 뛰어다니는 소년을 보았다.

④ boy | tall | playing | is | basketball | the
농구를 하고 있는 그 소년은 키가 크다.

⑤ boyfriend | her | letter | girl | a | the | writing | to | is | my | sister
그녀의 남자친구에게 편지를 쓰고 있는 그 소녀는 나의 여동생이다.

⑥ iPhone | using | yellow-haired | boy | an | the | is | my | son
아이폰을 사용하고 있는 노란 머리의 소년은 나의 아들이다.

C 다음 문장을 정확히 해석해보시오.

⑦ The boy eating an ice-cream cone is my brother.
⑧ Laura saw the boy stealing an iPhone.
⑨ The man driving a blue car looks like a rich guy.
⑩ The woman wearing pink high-hills looks uncomfortable.

Answer

① ~하는 명사
② ~하면서
③ I saw the boy running around the park.
④ The boy playing basketball is tall.
⑤ The girl writing a letter to her boyfriend is my sister.
⑥ The yellow-haired boy using an iPhone is my son.
⑦ 아이스크림 콘을 먹고 있는 그 소년은 나의 동생이다.
⑧ 로라는 아이폰을 훔치고 있는 소년을 보았다.
⑨ 파란색 차를 운전하고 있는 그 남자는 부자처럼 보인다.
⑩ 분홍색 하이힐을 신고 있는 그 여자는 불편해 보인다.

*Success is not final,
failure is not fatal: It is the
courage to continue that counts.*

– Winston Churchill –

성공이 최종적인 것이 아니고, 실패가 치명적인 것도 아니다.
중요한 것은 계속할 용기다.

20강의 목표
명사 다음에 p.p.의 해석법을 안다.
(과거분사)

20강의 내용
· 영순법 20 : 명사 + p.p.

CHAPTER 20

명사 + p.p.
명사 다음에 과거분사형이 나올 때!

20강 핵심요약강의

큐알코드를 찍으면
핵심 요약강의를 수강하실 수 있습니다.

20 명사 + p.p.

명사 다음에 과거분사형이 나올 때!

영순법 20 명사 + p.p.

영순법 20강의 핵심

문장에서 명사 다음에 p.p.(과거분사) 표현이 나올 때가 있다. 아래와 같이 '~된/~되어진/~당한' 등의 뜻으로 p.p.해석의 느낌을 잡는다. 명사 다음의 ~ing는 영어초보분들도 해석을 잘 잡는다. 하지만 이상하게도 명사 뒤에 p.p.가 나오면 당황하는 분들이 많다.
어려워 말자. <u>스텝1 수동태에서 연습한 '~된/되어진/당한'의 느낌, 즉 수동의 느낌을 넣어 뒤에서 앞을 수식하는 구조로 해석하자.</u>

길게 써보면

> **I can read the book written in English
> because I learned the language.**
> 나는 영어(그 언어)를 배웠기 때문에 영어로 써진 책을 읽을 수 있다.

- ✅ I can read **the magazine written** in Korean.
  나는 한국어로 쓰인 잡지를 읽을 수 있다.
- ✅ I want to read **the paper written** by Jake.
  나는 제이크에 의해 쓰인 논문을 읽기를 원한다.
- ✅ I cannot read **the newspaper written** in German because I am Korean.
  나는 한국인이기 때문에 독일어로 쓰여진 신문을 읽을 수 없다.
- ✅ I can buy all series of **novels written** by Joan because it is worth it.
  나는 그만한 가치가 있기 때문에 조앤에 의해 쓰인 모든 소설을 구매할 수 있다.

명령문으로 쓰여진 문장에서 '명사+p.p.'를 찾아 정확히 해석하는 연습을 해보자.
다시 한번 강조한다. 문장에서 모든 단어가 동등하게 보여서는 안된다. 해석의 Key를 쥐고 있는 JEFF가 강조하는 영순법을 만들어내는 단어가 두둥실 떠올라 보여야 한다.
아래에서는 명령문을 만들어내는 문장 첫 '동사원형'과 문장 중간의 '명사+p.p.' 어순이 확실히 느껴져야 한다. 그래야 영어문장이 한눈에 보인다!

> **Look at the window broken by JEFF in the morning.**
> 아침에 제프에 의해서 깨진 창문을 봐.

- ✅ **Look** at **the picture drawn** by Picaso.
  피카소에 의해 그려진 그림을 봐.
- ✅ **Look** at **the picture taken** by well-known photographer.
  아주 잘 알려진 사진가에 의해 찍힌 사진을 봐.
- ✅ **Look** at **all the stuff broken** by James.
  제임스에 의해 망가진 물건들 좀 봐.

영순법 다지기 20
다지기를 통해 확실히 내 것으로 만들자!

문장에서 동사는 두 개가 나란히 나올 수 없다. 과거형 동사처럼 보이는 동사는 실제로는 과거분사 (p.p.) 임을 직감적으로 알아채야 한다. 그리고 명사 뒤에 p.p.(과거분사)가 있다면, p.p는 수동태의 느낌을 실어 앞의 명사를 수식함을 꼭 기억하자!

1. **The sentence read** by JEFF is really good.
   제프에 의해서 읽힌 문장은 매우 좋다.

2. **The name called** by him was JEFF.
   그에 의해서 불러진 이름은 제프였다.

3. Jeff bought **a new computer made** in Korea last year.
   제프는 한국에서 만들어진 새 컴퓨터를 작년에 샀다.

4. Some of **the people invited** to the party can't come.
   파티에 초대되었던 몇 명의 사람들은 오지 못했다.

5. **The article written** by the person didn't make sense at all.
   그 사람에 의해서 쓰인 그 기사는 전혀 말이 되지 않았다.

6. **The shoes designed** by Sally became famous worldwide.
   샐리에 의해서 디자인된 그 신발은 세계적으로 유명해졌다.

7. **The luxury car made** by the company is a dream for all men.
   그 회사에 의해 만들어진 그 럭셔리차는 모든 남자들의 꿈이다.

8. **The house built** by my friend is made of wood.
   내 친구에 의해 지어진 그 집은 나무로 만들어져 있다.

9. **The book written** by her became a best seller within a month.
   그녀에 의해 쓰인 그 책은 한 달 만에 베스트셀러가 되었다.

10. **Tom hired** by the big company has the ability to manage his time effectively.
    큰 회사에 의해 고용된 톰은 그의 시간을 효율적으로 관리하는데 능력을 가지고 있다.

Review Test
공부한 내용을 테스트를 통해 복습해보아요.

A 다음 퀴즈에 답하시오.

① '명사 + p.p.' 의 기본 해석법? ▶

② JEFF가 강조하는 3원칙 중 첫번째인 '영어문장에서 _____는 두 개가 나란히 나올 수 없다.' 에서 빈칸에 적절한 단어는? ▶

B 영어단어의 순서를 배열하시오.

③ her   written   by   is   famous   the   book
그녀에 의해서 쓰인 그 책은 유명하다.

④ shoes   I   Italy   in   like   made
나는 이태리에서 만들어진 신발을 좋아한다.

⑤ basketball   produced   the   is   by   good   really   Nike
나이키에 의해 만들어진 농구공은 정말 좋다.

⑥ wore   to   people   the   party   clothes   nice   invited
그 파티에 초대된 사람들은 좋은 옷을 입고 있었다.

C 다음 문장을 정확히 해석해보시오.

⑦ I caught a ball thrown by my friend.
⑧ The student accepted to Harvard this year is very clever.
⑨ The boy punished by his teacher yesterday was very rude.
⑩ I got cold because of the door opened by him.

Answer

① p.p.가 명사 수식 (~된, ~되는, ~당한)
② 동사
③ The book written by her is famous.
④ I like shoes made in Italy.
⑤ The basketball produced by Nike is really good.
⑥ People invited to the party wore nice clothes.
⑦ 나는 내 친구에 의해서 던져진 공을 잡았다.
⑧ 올해 하버드에 입학이 허가된 그 학생은 매우 똑똑하다.
⑨ 어제 그의 선생님에 의해 벌을 받은 그 소년은 매우 무례했다.
⑩ 나는 그에 의해 열려진 그 문 때문에 감기에 걸렸다.

*Believe in yourself and
all that you are. Know that there
is something inside you that is
greater than any obstacle.*

- Christian D. Larson –

당신 자신과 당신의 모든 것을 믿어라.
당신 안에는 어떤 장애물보다 더 위대한 무언가가 있음을 알아라.

📍 21강의 목표
문장 맨 앞에 ~ing/p.p.가 보일 때 확실한 영어자신감을 가진다!

📍 21강의 내용
- 영순법 21-1: 분사구문 (~ing)
- 영순법 21-2: 분사구문 (~p.p.)

CHAPTER

(분사구문 1)
문장앞 ~ing/p.p.
분사구문 개념도 JEFF 와 함께라면 문제없다!

21강 핵심요약강의

큐알코드를 찍으면
핵심 요약강의를 수강하실 수 있습니다.

21 문장 앞 ~ing/p.p.

분사구문 개념도 JEFF 와 함께라면 문제없다!

영순법 21-1
분사구문(~ing)

🚩 영순법 21-1강의 핵심

영어의 핵심은 단어 순서감각이라 했다. 특정 영단어가 문장의 어디에 위치하는지가 너무나 중요하다.

~ing 표현이 문장의 맨 앞에 위치할 때가 있다.

제발 이상한 문법용어 남발하지 말고 해석 요령을 잘 기억하자.

일단 다른 해석법은 뒤로 제쳐두고 '**~하면서**' 라는 해석법을 기억하자. 이렇게 해석을 잡는다면 문장의 의미를 파악하는데 큰 무리가 없다. 예쁜 번역은 나중의 일이다.

❗ Watch Out 여기서 잠깐!

'분사구문'이란?

* 주절과 종속절로 이루어진 복문에서, 종속절의 접속사와 주어를 생략하고, 종속절의 동사를 ~ing 형태 혹은 p.p. 형태로 바꾸어 종속절인 부사절을 부사구로 바꾼 문장' 이 정확한 분사구문의 정의이다.

분사구문의 고전적 정의는 위와 같다. 하지만 이렇게 복잡하고 어려운 개념은 잠시 접어두고 JEFF 식으로 다음 A, B 사항을 우선 잘 기억하자.

① 영어의 속성!
   속성 1. 영어는 반복을 싫어한다!
   속성 2. 영어는 간결한 것을 좋아한다!

② 반복된 부분을 없애고 간결하게(짧게) 줄이는 방법은 아래의 3단계를 따른다.
   1단계 : 접속사 생략! (명확한 의미 전달을 위해 남겨두는 경우도 있음.)
   2단계 : 주어 생략! (주어가 같을 때)
   3단계 : 동사의 모양을 ~ing로 바꾼다! (시제가 같을 때)

문장 맨 앞에 ~ing가 있을 때 기본적으로 '~하면서'라는 거친 해석을 떠올린다. 그런 다음 앞뒤 문맥을 통해 생략된 접속사의 의미를 살려 예쁜 해석을 떠올린다.

영순법 다지기 21-1

다지기를 통해 확실히 내 것으로 만들자!

문장에서 ~ing 표현이 어디에 위치하고 있는지가 중요하다.
아래 문장들은 모두 ~ing 표현이 문장의 어디에 위치하고 있는가? 문장의 맨 앞이다.
일단은 '~하면서' 라고 거칠게 해석을 잡는다. 그리고 나서 생략된 접속사의 의미를 되살려 정확한 해석을 떠올려 본다.

1. **Walking** down the street, I met my friend.
   길을 걷고 있을 때 나는 친구를 만났었다.

2. **Reading** the newspaper, he ate breakfast.
   신문을 읽으며 그는 아침을 먹었다.

3. **Wearing** his coat, he went out.
   그의 코트를 입고서 그는 밖으로 나갔다.

4. **Living** next to her house, I don't know her.
   그녀의 집 옆에 살지만, 나는 그녀를 모른다.

5. **Using** my computer, I was also talking on the phone with my friend.
   컴퓨터를 사용하며 나는 친구와 통화도 하고 있었다.

6. **Watching** TV show at night, I saw my friend laughing at the show.
   내가 텔레비전을 밤에 보고 있을 때 내 친구가 그 쇼에서 웃고 있는 걸 보았다.

7. **Thinking** of being a doctor, my teacher gave me some advice.
   의사가 되려고 생각하고 있을 때, 선생님이 충고를 해주었다.

분사구문 (~p.p.)

영순법 21-2강의 핵심

영어문장은 단어의 순서가 중요하다고 했다. 지금은 문장의 맨앞에 p.p.가 먼저 나오는 순서의 문장이다.

문장 맨 앞에 과거분사 (p.p.)가 보인다면, 그 p.p.는 반드시 '~되면서' 라는 수동의 의미를 듬뿍 실은 해석을 떠올린다.

절대 멋있는 번역을 하려고 하면 안된다. **그러면 영어가 싫어진다!!**
일단은 '~되면서' 라는 거친 해석을 하고 시간이 허락한다면 앞뒤 문맥을 살펴 예쁜 번역을 떠올려보자.

분사구문의 만들어지는 원리를 떠올려 아래 문장들을 살펴보자.

문장 맨 앞

영순법 다지기 21-2

다지기를 통해 확실히 내 것으로 만들자!

p.p.는 기본적으로 '~되면서'라는 수동의 의미가 더해짐을 잊지말자!

1 **Frighten**ed by the news, he turned pale.
뉴스에 놀라, 그는 창백해졌다.

2 **Wounded** in the legs, he could not walk.
다리에 상처를 입어, 그는 걸을 수 없었다.

3 **Surprised** by the news, everyone was in the panic.
뉴스에 놀라 모두가 공황상태에 빠졌다.

4 **Known** to many artists, the picture became more valuable.
많은 예술가에게 알려져서 그 그림은 더욱 가치 있어졌다.

5 **Written** by the famous writer, the book was sold out right away.
유명한 작가에 의해 써져서 그 책은 금방 매진이 되었다.

6 **Scared** by the horror movie when I was young, I can't watch those kind of movies again.
어렸을 때 그 공포영화를 보고 난 후 다시는 그런 종류의 영화를 볼 수 없게 되었다.

7 **(Being) directed** by Jacob, the movie became so famous.
제이콥에 의해 제작되면서, 그 영화는 매우 유명해졌다.

8 **(Being) written** in an easy style, the book has many readers.
쉬운 스타일로 써져서, 그 책은 많은 독자들이 있다.

9 **(Being) used** by many stars, the scarf became famous.
많은 스타들에 의해 써져서 그 목도리는 유명해졌다.

남겨두어도 되고, 생략해도 된다!

 **Review Test** — 공부한 내용을 테스트를 통해 복습해보아요.

A 다음 퀴즈에 답하시오.

① 문장 맨 앞에 ~ing 가 보일 때 우선 떠올려야 하는 해석법? ▶
② 문장 맨 앞에 p.p. 가 보일 때 우선 떠올려야 하는 해석법? ▶

B 영어단어의 순서를 배열하시오.

③ rotten / a / apple / eating / , / Brad / went / to / the / hospital
썩은 사과를 먹었기 때문에 브래드는 병원에 갔다.

④ on / beach / the / walking / , / I / watched / a / beautiful / sunset
해변을 걸으면서 나는 아름다운 일몰을 보았다.

⑤ alone / him / leaving / , / she / immediately / come / back / home
그를 홀로 남겨두고 그녀는 즉시 집으로 돌아왔다.

⑥ purpose / forest / on / setting / fire / the / on / , / Tim / was / arrested / by / the / police
일부러 숲에 불을 냈기 때문에 팀은 경찰에 체포되었다.

C 다음 문장을 정확히 해석해보시오.

⑦ Discouraged by the anti-fans, she couldn't do her best.
⑧ Destroyed by the enemy, the building became useless.
⑨ Surprised by her news, he ran to her house to check her condition.
⑩ Burned by an accidental forest fire, Jack's mansion was completely gone.

Answer

① ~하면서
② ~되면서
③ Eating a rotten apple, Brad went to the hospital.
④ Walking on the beach, I watched a beautiful sunset.
⑤ Leaving him alone, she immediately come back home.
⑥ Setting the forest on fire on purpose, Tim was arrested by the police.
⑦ 안티팬들에 의해 낙담되어, 그녀는 최선을 다 할 수 없었다.
⑧ 적에 의해 파괴되어졌기 때문에, 그 빌딩은 쓸모없게 되었다.
⑨ 그녀의 뉴스에 놀라서, 그는 그녀의 상태를 확인하기 위해 그녀의 집으로 달려갔다.
⑩ 우연한 산불로 불에 타버려 잭의 저택은 완전히 없어졌다.

*Your time is limited,
so don't waste it living
someone else's life.*

- Steve Jobs –

당신의 시간은 제한적이다.
다른 사람의 인생을 사느라 낭비하지 말라.

22강의 목표
문장 중간에 ~ing가 있을 때 JEFF 식으로 자신감을 가진다!

22강의 내용
- 영순법 22: 문장 중간에 ~ing

CHAPTER
22

문장 중간 ~ing

문장 중간에 분사구문 개념이 나올 때 JEFF식 처리법을 알자!

22강 핵심요약강의

큐알코드를 찍으면
핵심 요약강의를 수강하실 수 있습니다.

문장 중간에 분사구문 개념이 나올 때 JEFF식 처리법을 알자!

22 문장 중간 ~ing

 영순법 22
문장 중간 ~ing

영순법 22강의 핵심

~ing 표현은 기본적으로 앞의 명사를 수식한다고 앞선 강의에서 배웠다. 하지만 경우에 따라서는 <u>앞의 명사를 수식했을 경우 어색한 해석이 되거나 아예 앞에 수식할 명사가 없는 경우가 있다</u>. 그 때는 수식하려는 시도를 하지 말고, <u>그냥 '~하면서' 라는 기본적 해석을 해 준다</u>. 이 때 보통 ~ing 앞에 콤마가 있는 경우가 많음에 유의하자. (좀 더 정확한 해석을 위해서는 앞뒤 문맥을 살펴 적절한 접속사를 떠올려야 한다. 하지만, 빠르고 정확한 해석력을 키우기 위해서는 일단 '~하면서' 라는 기본적 해석을 우선으로 한다.).

 # 간략히 정리하면, 다음 두 가지의 경우 '~하면서' 라는 해석을 떠올린다.
1. 콤마 뒤에 ing 표현이 있는 경우
2. 앞의 명사를 꾸미면 문맥상 맞지 않는 이상한 해석이 되는 경우

〈문장 중간〉

S + V ⋯ ~ing

~하면서

He ran fast, ~~while he~~ was singing a song.
그는 노래를 부르면서 빨리 달렸었다.

▼

He ran fast, **singing** a song.
그는 노래를 부르면서 빨리 달렸었다.

singing 이 수식할 명사가 존재하지 않는다.

JEFF 강사가 좋아하는 예문으로 다시 써보면,

▼

**Your time is limited.
So, don't waste it living someone else's life.** – Steve Jobs

너의 시간은 제한되어 있다. 그러므로 다른 사람의 삶을 사느라 인생을 허비하지 말라.

- ✅ He ran fast, **listening** to the music.
  그는 음악을 들으면서 빠르게 달렸다.
- ✅ He ran slowly, **listening** to his favorite song.
  그는 그가 좋아하는 노래를 들으면서 천천히 달렸다.
- ✅ He ran fast, **speaking** with her on the phone.
  그는 그녀와 통화하면서 빠르게 달렸다.
- ✅ He usually drives fast, **speaking** on the phone.
  그는 보통 전화를 하면서 빠르게 운전한다.

삶의 지혜를 주는
✏️ **English Proverb**

Early birds catch the worms.

일찍 일어나는 새가 벌레를 잡는다.

빠르게 행동하거나 미리 준비하는 사람이 더 좋은 결과를 얻을 수 있는 경우가 많습니다. 일찍 시작하는 것이 성공의 열쇠가 될 수 있음을 잊지 마세요.

영순법 다지기 22

다지기를 통해 확실히 내 것으로 만들자!

~ing 표현을 찾고 그 ~ing 앞에 어떤 단어가 놓여져 있는지 확인 후 수식구조가 될 수 없음을 느껴보자. 또한 **~ing 앞에 ,(콤마)가 있을 때 '~하면서'** 라는 해석을 우선적으로 해 주어야 함을 잊지 말자!

1. I went to school, **listening** to the music.
   나는 노래를 들으며 학교에 갔었다.

2. Tom came in my room, **holding** trash.
   톰은 쓰레기를 들고서 나의 방으로 왔다.

3. The train starts at six, **arriving** there at seven.
   그 열차는 거기에 7시에 도착하면서 6시에 출발한다.(6시에 출발하여 7시에 도착한다.)

4. I went to the airport, **carrying** heavy bags alone.
   나는 무거운 가방을 혼자 들면서 공항에 갔다.

5. They ran together, **holding** hands.
   그들은 손을 잡고 같이 뛰었다.

6. Spider man came onto our floor, **breaking** the window.
   스파이더맨은 창문을 깨면서 우리 층으로 들어왔다.

7. Jane went out of the house, **saying** "Good-bye".
   제인은 "안녕"이라 말하며 집 밖으로 나갔다.

8. Hannah was dancing on the stage, **singing** a song at the same time.
   한나는 동시에 노래를 부르면서 무대에서 춤을 추고 있었다.

9. He was on the stage, **saying** something important.
   그는 무엇인가 중요한 얘기를 하면서 그 무대에 있었다.

 **Review Test** 공부한 내용을 테스트를 통해 복습해보아요.

A 다음 퀴즈에 답하시오.

① 문장 중간에 ~ing 가 보일 때 해석법? ▶

② '시간은 유한하다. 그러니 다른 사람의 인생을 살면서 시간을 허비하지 말라.' 라는 말을 영어로 써 보시오. ▶

B 영어단어의 순서를 배열하시오.

③ He   was   brightly   a   smiling   singing   song
그는 밝게 웃으면서 노래를 부르고 있었다.

④ He   the   on   drove   road   arguing   his   with   wife
그는 그의 아내와 논쟁을 벌이며 도로 위로 운전했다.

⑤ The   fans   entered   the   stadium   flags   colorful   carrying
그 팬들은 다채로운 깃발을 들며 운동장을 들어왔다.

⑥ Fred   played   soccer   blue   uniform   a   wearing
프레드는 파란색 유니폼을 입고서 축구를 했다.

C 다음 문장을 정확히 해석해보시오.

⑦ The girl went home crying out loud.
⑧ Liam Gallagher ran around the stage singing the song, "Don't Look Back In Anger".
⑨ We walked to Myung-dong eating the famous walnut bread.
⑩ Flight OZ312 will leave the airport on time, arriving at JFK airport 14 hours later.

Answer

① 하면서
② Your time is limited. So, don't waste it living someone else's life.
③ He was singing a song smiling brightly.
④ He drove on the road arguing with his wife.
⑤ The fans entered the stadium carrying colorful flags.
⑥ Fred played soccer wearing a blue uniform.
⑦ 그 소녀는 엉엉 울면서 집에 갔다.
⑧ Liam Gallagher는 Don't Look Back in Anger라는 노래를 부르며 무대를 뛰어다녔다.
⑨ 우리는 유명한 호두과자를 먹으며 명동을 걸었다.
⑩ 비행기 OZ312편은 정시에 공항을 출발하여 14시간 후에 JFK공항에 도착할 것이다.

*It always seems impossible
until it's done.*

– Nelson Mandela –

끝날 때까지는 항상 불가능해 보인다.

📍 23강의 목표
어울리는 단어의 짝을 찾아 해석하는 법을 안다.

📍 23강의 내용
- 영순법 23-1: It ~ to
- 영순법 23-2: It ~ that

It ~ to / It ~ that

it과 to, it과 that은 절친임을 알자!

23강 핵심요약강의

큐알코드를 찍으면
핵심 요약강의를 수강하실 수 있습니다.

23 it과 to, it과 that은 절친임을 알자!
It ~ to / It ~ that

영순법 23-1
It ~ to

영순법 23-1강의 핵심

영어에는 유난히 잘 어울려 다니는 단어의 짝이 있다. 첫번째로, **문장의 앞에 It이 보이고 그 뒤에 to가 보인다면 반드시 짝을 짓고, 아래의 그림이 떠올라야 한다.**
It 은 가주어로써 '그것은' 이라는 해석을 반드시 붙인다. 그리고, to+V 은 진주어로써 '~하는 것' 이라는 해석을 한다. (고전적인 영문법 체계에서는 가주어는 해석을 하지 않음을 기본으로 하나 JEFF 영순법에서는 it 또한 해석을 꼭 붙이자! 그래야 영어가 된다!)

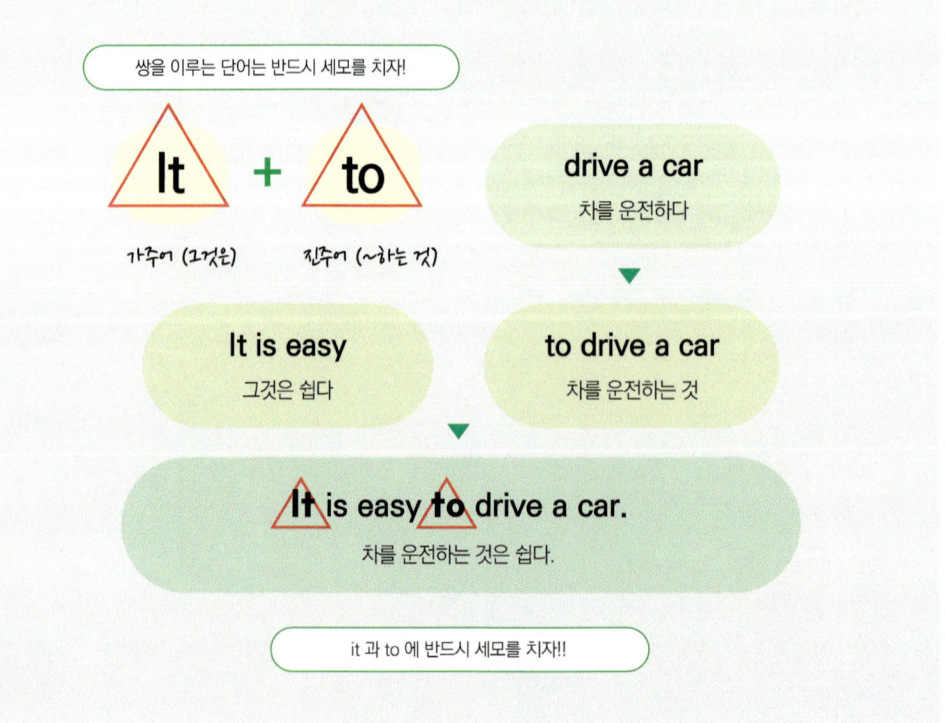

- **It** is easy **to** eat a pizza for a lunch.
  점심으로 피자를 먹는 것은 쉽다.

- **It** is easy **to** learn English with JEFF.
  제프와 영어를 배우는 것은 쉽다.

- **It** is easy **to** dance with her.
  그녀와 춤을 추는 것은 쉽다.

- **It** is easy **to** ride a bicycle without any help.
  어떠한 도움도 없이 자전거를 타는 것은 쉽다.

다지기를 통해 확실히 내 것으로 만들자!
영순법 다지기 23-1

아래 문장들에서 반드시 It과 to가 두둥실 떠올라 보여야 한다! 문장에 많은 단어들이 있지만, 그 단어들보다 It과 to가 확연히 눈에 띄어야 한다. 그래야 영어가 된다!

1. **It** is important **to** keep your promise.
   너의 약속을 지키는 것은 중요하다.

2. **It** was so hard **to** say good-bye to her yesterday.
   어제 그녀에게 안녕이라고 말하는 것은 어려웠다.

3. **It** is unnecessary **to** speak Korean in English class.
   영어 시간에 한국어를 말하는 것은 불필요하다.

4. **It** is important **to** jog every day in the morning.
   매일 아침에 조깅하는 것은 중요하다.

5. **It** is difficult **to** control your mind yourself.
   네 마음을 스스로 조절하는 것은 어려운 일이다.

6. **It** is not easy **to** move to another country alone.
   다른 나라로 혼자 이사 가는 것은 쉬운 일이 아니다.

7. **It** is my pleasure **to** guide you on this tour.
   이번 투어에 당신을 가이드 하게 된 것은 나의 기쁨이다.

8. **It** is important **to** memorize this chapter to do well on this exam.
   이 시험을 잘 보기 위해선 이 장을 외우는 것이 중요하다.

9. **It** was necessary **to** tell him the truth.
   그에게 진실을 말하는 것은 필요한 것이었다.

영순법 23-2
It ~ that

영순법 23-2강의 핵심

이번엔 It과 that이다.
앞의 to 뒤에는 '동사원형'이 오지만, **that 뒤에는 '주어+동사' 관계를 가지는 완전한 문장이 온다는 점에서 차이가 있을 뿐 해석 요령은 똑같다.**
문장 맨 앞에 It이 나오면 그 뒤에 that을 찾아 꼭 세모를 치고 쌍을 만든다. 그리고 진주어, 가주어의 해석을 한다.

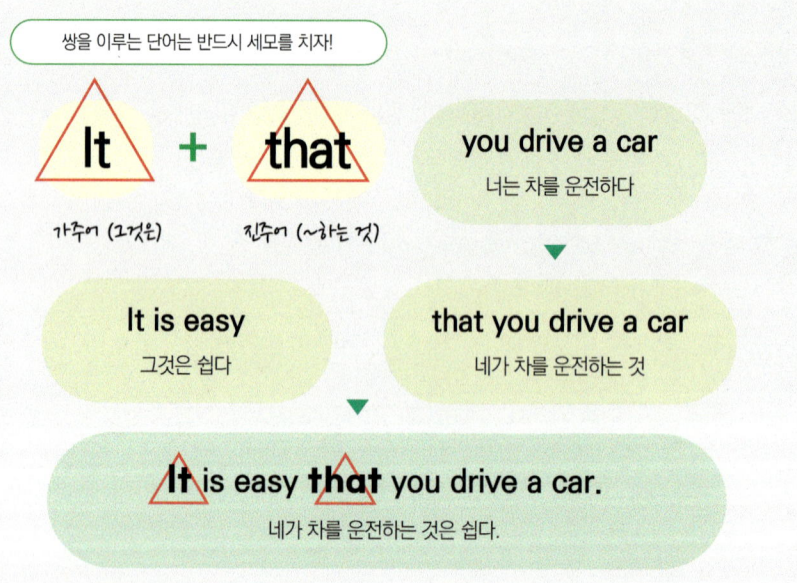

- ☑ **It** is easy **that** you eat a pizza for a lunch.
  네가 점심으로 피자를 먹는 것은 쉽다.

- ☑ **It** is easy **that** you learn English with JEFF.
  네가 제프와 영어를 배우는 것은 쉽다.

- ☑ **It** is easy **that** you dance with her.
  네가 그녀와 춤을 추는 것은 쉽다.

- ☑ **It** is easy **that** you ride a bicycle without any help.
  네가 어떠한 도움도 없이 자전거를 타는 것은 쉽다.

영순법 다지기 23-2

문장의 첫머리에 It이 보였는가? 그럼 그 뒤에 that이 보이나 잘 확인해보자.

1. **It** is important **that** you should take a lesson from Jeff every day.
   네가 제프로부터 매일 레슨을 받는 것은 중요하다.

2. **It** is necessary **that** you should learn English to travel abroad.
   네가 외국으로 여행하기 위해 영어를 배우는 것은 필요하다.

3. **It** is a bad idea **that** you sleep in the middle of class.
   네가 수업 중간에 자는 건 나쁜 생각이다.

4. **It** is nice **that** you try anything you want.
   네가 네가 원하는 무언가를 도전해보는 것은 멋지다.

5. **It** is important **that** you study hard to go to a college you want.
   네가 가고 싶은 대학교를 가기 위해 열심히 공부하는 것은 중요하다.

6. **It** is not easy **that** you decide what you want to do in the future.
   네가 미래에 무엇을 하고 싶은지 정하는 것은 쉽지 않다.

7. **It** was terrible **that** the building was on fire last night.
   어젯밤에 그 빌딩에 불이 난 건 끔찍했다.

8. **It** was a miracle **that** my dog survived the car accident.
   내 강아지가 차사고로부터 생존한 것은 기적이었다.

9. **It** was unnecessary **that** you tell him the truth.
   네가 그에게 진실을 말하는 것은 불필요한 것이었다.

10. **It** was also a good idea **that** you had an interview with the famous author.
    네가 그 유명한 작가와 인터뷰를 한 것은 아주 좋은 아이디어였다.

 **Review Test**   공부한 내용을 테스트를 통해 복습해보아요.

A 다음 퀴즈에 답하시오.

① 문장의 시작이 It 일 때 그 뒤에 자주 보이는(=쌍을 이루는) 두 단어는? ▶
② It(가주어) 다음에 나와 '진주어' 역할을 만들어 내는 두 단어? ▶

B 영어단어의 순서를 배열하시오.

③ Japan · it · a · Visa · to · to · go · without · possible · is
비자 없이 일본에 가는 것은 가능하다.

④ It · is · better · and · listen · to · her · to · agree · just · with · her · right · now
지금 당장은 그냥 그녀의 말을 듣고 동의하는 것이 낫다.

⑤ It · is · crucial · Keypoint · to · attention · the · to · pay · to · understand · each · lesson
각 강의를 이해하려면, 키 포인트에 집중하는 것이 중요하다.

⑥ It · is · necessary · you · study · that · should · for · the · final · exam
네가 학기말 시험을 위해 공부하는 것은 필요하다.

C 다음 문장을 정확히 해석해보시오.

⑦ It is important that you have to lose weight for your health.
⑧ It is clever that you decided to meet her parents.
⑨ It was a bad idea that you always went to parties instead of studying for college.

Answer

① to, that
② to, that
③ It is possible to go to Japan without a Visa.
④ It is better to just listen to her and agree with her right now.
⑤ It is crucial to pay attention to the keypoint to understand each lesson.
⑥ It is necessary that you should study for the final exam.
⑦ 네가 너의 건강을 위해 살을 빼야 하는 것은 중요하다.
⑧ 네가 그녀의 부모님을 먼저 만나기로 결정한 것은 영리했다.
⑨ 네가 대학을 위해 공부하지 않고 늘 파티에 간 것은 좋지 않은 생각이었다.

24강의 목표
'to+동사원형' 앞 for의 쓰임새를 안다.

24강의 내용
- 영순법 24: It ~ for ~ to

CHAPTER
24

It ~ for ~ to

it, for, to 는 한식구다!

24강 핵심요약강의

큐알코드를 찍으면
핵심 요약강의를 수강하실 수 있습니다.

it, for, to 는 한식구다!
It ~ for ~ to

영순법 24
It ~ for ~ to

영순법 24강의 핵심

It 과 to 는 앞선 강의에서 본 것과 같이 쌍을 이루며 진주어, 가주어 해석을 만들어낸다. 이 구조의 확장으로써, It 과 to 사이에 **'for+목적격'** 표현을 써서 to 다음에 나오는 동사의 행동을 누가 하는지를 밝혀줄 수 있다. 마찬가지로 It, for, to 단어에 주목하고 반드시 세모 처리하자.

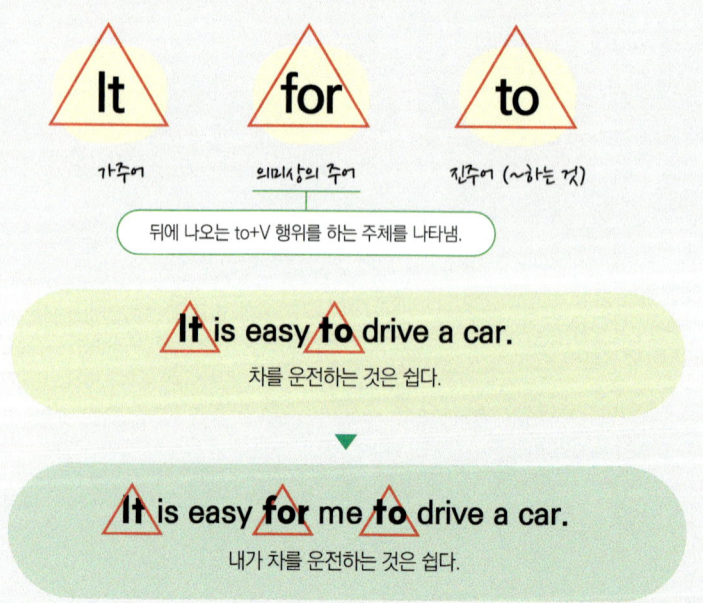

- ☑ **It** is easy **for** you **to** eat a pizza for a lunch.
  너에게 있어서 점심으로 피자를 먹는 것은 쉽다.

- ☑ **It** is easy **for** you **to** learn English with Jeff.
  여러분들이 제프와 영어를 배우는 것은 쉽다.

- ☑ **It** is easy **for** me **to** dance with her.
  내가 그녀와 춤을 추는 것은 쉽다.

다지기를 통해 확실히 내 것으로 만들자!
영순법 다지기 24

It 과 for 와 to 를 찾아서 세모를 친다. 문장에 단어가 많더라도 반드시 도드라져 보이는 영어단어들이 있어야 한다. 그 단어들이 기준이 되어 문장구조가 훤히 보이고, 영어문장에 자신감이 생긴다! 그날까지 홧팅!

1. **It** is easy **for** you **to** study English with Jeff.
   네가 제프와 함께 영어를 공부하는 것은 쉽다.

2. **It** is difficult **for** my mother **to** drive a truck.
   나의 어머니가 트럭을 운전하는 것은 어렵다.

3. **It** is an honor **for** me **to** meet you.
   내가 당신을 만나 뵈어서 정말 영광이다.

4. **It** was a surprise **for** me **to** hear that my sister is getting married soon.
   내가 내 여동생이 곧 결혼한다고 들은 것은 놀라운 일이었다.

5. **It** is scary **for** me **to** see the horror movie at night.
   나는 밤에 공포 영화를 보는 것이 무섭다.

6. **It** is easy **for** her **to** study for more than five hours.
   그녀가 5시간동안 공부하는 것은 그녀에게 쉽다.

7. **It** is happy **for** you **to** receive an award from the president.
   네가 대통령에게 상을 받는다는 것은 행복한 일이다.

삶의 지혜를 주는
English Proverb

Easy come, easy go.

쉽게 얻은 것은 쉽게 나간다.

노력 없이 쉽게 얻은 것일수록 유지하거나 지키기 어려운 경우가 많습니다.

Watch Out 여기서 잠깐!

for 앞에 나오는 단어가 '사람의 성격 혹은 성질'을 나타내는 형용사일 경우, for 대신에 of 를 써주는 것을 잊지 말자.

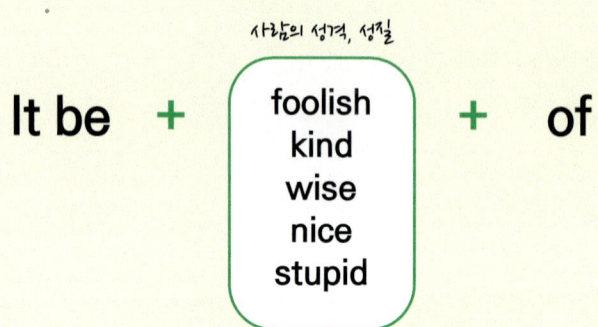

It be + foolish / kind / wise / nice / stupid + of

It is foolish ~~for~~ you to steal my car.
It is foolish **of** you to steal my car.
네가 차를 훔치는 것은 어리석은 짓이다.

- ✓ It is kind **of** you to help me.
  네가 나를 돕는 것은 친절한 일이다.

- ✓ It is wise **of** you to learn a foreign language.
  네가 외국어를 배우는 것은 현명한 일이다.

- ✓ It is stupid **of** you to steal someone's money.
  네가 누군가의 돈을 훔치는 것은 어리석은 일이다.

 **Review Test**   공부한 내용을 테스트를 통해 복습해보아요.

A 다음 퀴즈에 답하시오.

① 문장에서 호응을 이루는 다음 세 단어에서 중간에 위치하는 단어는? (f 로 시작)
   It + (　　) + to ▶

② 사람의 성격이나 성질을 나타내는 단어가 나온 다음, 의미상의 주어를 만들기 위해 for 대신에 써야 하는 단어는? ▶

B 영어단어의 순서를 배열하시오.

③ It　is　dangerous　a　play　kid　to　for　little　with　sharp　tools
어린 아이가 날카로운 도구를 갖고 노는 것은 위험하다.

④ It　is　impossible　along　get　you　to　for　with　her
네가 그녀와 사이좋게 잘 지내는 것은 불가능하다.

⑤ It　is　better　the　her　for　to　doctor　to　go　today　than　tomorrow
그녀가 오늘 의사에게 가는 것이 내일 가는 것보다 낫다.

⑥ It　is　necessary　you　to　for　believe　that　you　can　do　it　to　do　it
네가 할 수 있다고 믿는 것이 그 일을 하는 데에 반드시 필요하다.

C 다음 문장을 정확히 해석해보시오.

⑦ It is necessary for us to know that you are safe in that country.

⑧ It is not difficult for my brother to do his homework, listen to music, and watch TV at the same time.

Answer

① for
② of
③ It is dangerous for a little kid to play with sharp tools.
④ It is impossible for you to get along with her.
⑤ It is better for her to go to the doctor today than tomorrow.
⑥ It is necessary for you to believe that you can do it to do it.
⑦ 우리가 네가 그 나라에서 안전하다는 것을 아는 것이 필요하다.
⑧ 우리 오빠에겐 동시에 숙제를 하고, 음악을 듣고, TV를 보는 것이 어렵지 않다.

*You miss 100% of the shots
you don't take.*

– Wayne Gretzky –

시도하지 않은 슛은 100% 놓친다.

📍 25강의 목표
접속사와 접속사가 나란히 나올 때(=붙어 있을 때)의 해석법을 정확히 안다.

📍 25강의 내용
- 영순법 25: 접 + 접 S + V, S + V.

접속사 + 접속사

접속사와 접속사가 붙어있을 때 JEFF식 영어가 빛난다!

25강 핵심요약강의

큐알코드를 찍으면
핵심 요약강의를 수강하실 수 있습니다.

25 접속사 + 접속사

접속사와 접속사가 붙어있을 때 JEFF식 영어가 빛난다!

영순법 25
접 + 접 S + V, S + V.

영순법 25강의 핵심

긴 문장 일수록 그 문장 속에 숨어 있는 핵심 단어 순서를 재빨리 눈치채야 한다. 그래야 문장이 복잡해 보이지 않고 단순하게 보이기 시작한다.
이번 강의에서는 문장에서 '접속사+접속사' 단어순서배열이 도드라지게 느껴져야 한다.
그림으로 표현해보면 다음과 같다. 괄호처리가 어떻게 되는지를 유심히 봐야 한다.

{ 접속사 (접속사 ,) . }
　　　　　　　　　　　　콤마　　마침표

\# 앞의 접속사는 마침표까지 영향을 미치고, 두번째 접속사는 콤마까지 영향을 미친다.
이 사실을 잘 기억하고 있으면 영작과 독해에 큰 도움이 된다. 영어 긴 문장에 자신감이 무럭무럭 자라난다! 괄호 처리 방법을 잘 기억해두자!

비록 ~ 일지라도

{ that (although ,) . }
　　　　　 though
　　　　　 even
　　　　　 though
　　　　　 even if

문장으로 써보면

I think {that (even though he is poor,) he is happy.}
나는 그가 비록 가난하더라도 그는 행복하다고 생각한다.

- ✅ I think **that even though** we had a bad day, tomorrow will be better.
  나는 비록 우리가 오늘 일진이 안 좋았더라도 내일은 나을 것이라고 생각한다.

- ✅ I think **that even though** he had a brain tumor, he overcame it with a positive mind.
  나는 비록 그가 뇌종양이 있었지만 긍정적인 마음으로 그것을 극복했다고 생각한다.

- ✅ I think **that even though** I worked without a break, I am not tired.
  나는 비록 휴식도 없이 일했더라도 별로 피곤하지 않다고 생각한다.

- ✅ I think **that even though** you are not good at English, you can still try.
  나는 비록 네가 영어를 잘 하지 못하더라도 여전히 시도는 할 수 있다고 생각한다.

- ✅ I think **that even though** you are rich now, you might become poor someday.
  나는 비록 네가 지금 부자더라도 언젠가는 가난해 질 수 있다고 생각한다.

삶의 지혜를 주는 English Proverb

Don't put all your eggs in the basket.

한 가지에만 모든 걸 걸지 마라.

한 가지 계획이나 기회에만 모든 걸 의존하지 말고 여러 가지 옵션을 마련해 위험을 분산시키는 것도 좋은 삶의 지혜가 아닐까요?

영순법 다지기 25

다지기를 통해 확실히 내 것으로 만들자!

문장이 길어도 겁먹을 필요가 없다. 문장의 핵심 어순만 보인다면!!!
여기서는 문장안에서 '접속사+접속사'의 단어순서가 보여야 한다. '접속사+접속사'가 만들어내는 문장 구조를 확실히 이해하고 괄호 처리하여 확실히 내 것으로 만들어보자!

1. I was surprised **that even though** she eats a lot, she is so skinny.
   나는 비록 그녀가 많이 먹지만 그녀는 너무 말랐다는 사실에 놀랐다.

2. I was surprised **that even though** he didn't study hard, he passed the exam.
   나는 그가 비록 공부를 열심히 하지 않았음에도 시험을 통과했다는 것에 놀랐다.

3. I knew **that even though** he got accepted to Harvard University, he didn't go since the tuition was too expensive.
   나는 그가 비록 하버드 대학에 합격했지만 학비가 너무 비싸서 가지 않았다는 것을 알았다.

4. I found out **that even if** I took care of it, the flower didn't grow well.
   나는 비록 내가 잘 관리 했을지라도 그 꽃은 잘 자라지 않았다는 것을 발견했다.

5. I told her **that even if** he exercised hard, he didn't get a body shape that he desired.
   나는 그녀에게 비록 그는 열심히 운동했을지라도 그가 원했던 몸을 만들지 못했다고 말했다.

6. I know **that even if** she never learned how to act, she is a good actress.
   나는 비록 그녀가 연기하는 것을 절대로 배운 적이 없을지라도 좋은 배우라는 것을 안다.

7. He shows us **that even if** he has many difficulties, he can succeed for himself.
   그는 우리에게 비록 그가 많은 어려움을 가지고 있어도 그가 스스로 성공할 수 있다는 것을 보여줬다.

8. Everyone admits **that even if** she is very nice, she looks scary when she gets really angry.
   모두가 비록 그녀가 매우 착하지만 그녀가 매우 화날 때는 무섭다는 것을 인정한다.

 **Review Test** 공부한 내용을 테스트를 통해 복습해보아요.

A 다음 퀴즈에 답하시오.

① '비록 ~일지라도' 라는 뜻을 나타내는 접속사 네 개를 쓰시오. ▶
② 문장이 길 때 반드시 보이기 마련인 것은? ▶

B 영어단어의 순서를 배열하시오.

③ She even that is though she thinks poor at speaking English , she can become an English teacher
그녀는 비록 그녀가 영어를 말하는데 서툴지만 영어선생님이 될 수 있다고 생각한다.

④ Jeff English that even not she is good thinks at speaking if , she can speak English fluently after Jeff's class
제프는 비록 그녀가 영어를 말하는데 서툴지만 제프의 수업을 듣고 나서 영어를 유창하게 말할 수 있을 것이라고 생각한다.

⑤ Jessica promised if that well you behave , she would bring you a present from her trip
제시카는 네가 예의바르게 행동하면 그녀의 여행에서 선물을 가져오겠다고 약속했다.

C 다음 문장을 정확히 해석해보시오.

⑥ I think that if you speak English fluently, you will have many experiences that will improve your life.
⑦ I think that because you are uncertain of your English ability, you have no confidence in getting a job that you want.

Answer

① Although, though, even though, even if
② 콤마 (하나 더 보태자면 접속사)
③ She thinks that even though she is poor at speaking English, she can become an English teacher.
④ Jeff thinks that even if she is not good at speaking English, she can speak English fluently after Jeff's class.
⑤ Jessica promised that if you behave well, she would bring you a present from her trip.
⑥ 나는 만약 네가 영어를 유창하게 말할 수 있다면 나는 너의 삶을 향상시킬 수 있는 많은 경험을 가지게 될 것이라고 생각한다.
⑦ 나는 네가 너의 영어실력에 확신을 가지지 못하기 때문에 네가 원하는 직업을 얻는데 자신감이 없다고 생각한다.

The future belongs to those who believe in the beauty of their dreams.

- Eleanor Roosevelt –

미래는 자신의 꿈의 아름다움을 믿는 사람들의 것이다.

26강의 목표
어울리는 단어의 짝을 찾아 세모를 치자!

26강의 내용
- **영순법 26**: not A but B (A가 아니라 B다.)
  either A or B (A 혹은 B => 둘 중 하나)
  neither A nor B (A도 B도 아니다.)

CHAPTER 26

(not A but B 외)

세모의 기적 1

세모를 치면 매우 쉽다!

26강 핵심요약강의

큐알코드를 찍으면
핵심 요약강의를 수강하실 수 있습니다.

세모를 치면 매우 쉽다!
세모의 기적 1 (not A but B 외)

영순법 26
세모의 기적

 영순법 26강의 핵심

문장이 길어질 때 무작정 단어들이 따로 따로 떨어져 보여서는 안된다. 반드시 세모를 쳐서 '쌍(雙, pair)'으로 느껴져야 한다. 아래 세 가지는 가장 대표적으로 세모를 쳐야 하는 영어 단어 '쌍'들이다. **문장에서 이 표현들을 만나면 반드시 세모를 치자.** 그래야 영어문장 구조가 훤히 보이고 영어자신감이 생기기 시작한다!

not A but B — A가 아니라 B다

either A or B — A 혹은 B (둘 중 하나)

neither A nor B — A도 B도 아니다

영순법 다지기 26

눈으로만 보아서는 안된다. 반드시 세모를 치자!

A not A but B (A가 아니라 B다.)

1. He is **not** an actor **but** a singer.
   그는 연기자가 아니라 가수이다.

2. Jack is **not** a teacher **but** a student.
   잭은 선생님이 아니라 학생이다.

3. Meeting her was **not** destiny **but** a coincidence.
   그녀를 만난 것은 운명이 아니라 우연이었다.

4. Learning a new thing is **not** a pain **but** a pleasure.
   새로운 것을 배우는 것은 고통이 아니라 기쁨이다.

5. She is **not** my daughter **but** my sister.
   그녀는 내 딸이 아니라 나의 여동생이다.

6. Making food is **not** my job **but** my hobby.
   음식을 만드는 것은 나의 일이 아니라 나의 취미이다.

7. This picture is painted **not** blue **but** red.
   이 그림은 파란색이 아니라 빨간색으로 그려져 있다.

8. My major is **not** French **but** English.
   나의 전공은 불어가 아니라 영어다.

9. Why did you choose **not** this **but** that?
   왜 이걸 고르지 않고 저걸 골랐어?

B either A or B (A 혹은 B => 둘 중 하나)

1 He likes **either** blue **or** red car.
그는 파란색이나 빨간색 차를 좋아한다.

2 **Either** you **or** I am to blame. 〔B에 동사를 맞춰야 한다!〕
너나 나 둘 중 하나가 잘못이다.

3 She will be **either** a singer **or** an actress.
그녀는 가수 혹은 배우 둘 중 하나가 될 것이다.

4 Chris is **either** tired **or** sick.
크리스는 피곤하거나 아프다.

5 They will have to leave **either** now **or** after three hours.
그들은 지금 떠나거나 혹은 세 시간 후에 떠나야 할 것이다.

6 I know that he is going to pick **either** apple **or** orange.
나는 그가 사과나 오렌지 중 하나를 고를 것을 안다.

7 Kate is going to call **either** you **or** me.
케이트는 너 아니면 나에게 전화를 할 것이다.

8 He is **either** a fool **or** a genius.
그는 바보 아니면 천재 둘 중 하나이다.

삶의 지혜를 주는 English Proverb

Everybody's business is nobody's business.

모든 사람의 일은 그 누구의 일도 아니다.

모든 사람이 관심을 가지면 아무도 책임을 지지 않는다는 의미! 책임이 분산되어 명확한 책임 소재가 없기 때문에 아무도 제대로 일을 처리하지 않는 상황을 조심해야겠죠?

C neither A nor B (A도 B도 아니다.)

1. He likes **neither** blue **nor** red car.
그는 파란색과 빨간색 차 둘 다 싫어한다.

2. **Neither** you **nor** I am handsome.
너도 나도 잘생기지 않았다.

> B 에 동사를 맞추어야 하기에 am 을 써야 한다.

3. **Neither** you **nor** I am stupid.
너나 나나 바보는 아니다.

4. She likes **neither** studying **nor** reading books.
그녀는 공부하거나 책 읽는 것 둘 다 싫어한다.

5. Mark goes to **neither** a class **nor** a library.
그는 수업에 가거나 도서관에 가지 않는다.

6. **Neither** my mom **nor** dad was at home.
나의 엄마도 아빠도 집에 없었다.

7. **Neither** I **nor** my brother called you.
나도 내 동생도 너에게 전화하지 않았다.

8. I speak **neither** Spanish **nor** Dutch.
나는 스페인어도 네덜란드어도 할 줄 모른다.

9. **Neither** Jake **nor** Tom is healthy.
제이크도 톰도 건강하지 않다.

Review Test
공부한 내용을 테스트를 통해 복습해보아요.

A 다음 퀴즈에 답하시오.

① either과 쌍을 이루는 단어? ▶

② neither과 쌍을 이루는 단어? ▶

B 영어단어의 순서를 배열하시오.

③ not / is / lazy / but / Jeff / diligent
제프는 게으른 것이 아니라 부지런하다.

④ easygoing / an / is / a / but / tempered / woman / , / She / not / woman / hot
그녀는 성격이 급한 여자가 아니라 성격이 느긋한 여자다.

⑤ He / who / a / is / not / tells / person / a / lie / , / but / always / person / a / truth / who / a / tells
그는 거짓말을 말하는 사람이 아니라 항상 진실을 말하는 사람이다.

⑥ either / choose / or / has / to / Mary / Jane / he
그는 메리 혹은 제인, 둘 중에 하나를 선택하여만 한다.

C 다음 문장을 정확히 해석해보시오.

⑦ You could go either to the past or to the future by using time a machine.

⑧ Life is either a daring adventure or nothing.

⑨ It was neither a business nor a charity.

⑩ Neither the teacher nor the students are perfect.

Answer

① or
② nor
③ Jeff is not lazy but diligent.
④ She is not a hot tempered woman, but an easygoing woman.
⑤ He is not a person who tells a lie, but a person who always tells a truth.
⑥ He has to choose either Mary or Jane.
⑦ 너는 타임머신을 사용함으로써 과거 혹은 미래로 갈 수 있다.
⑧ 인생이란 과감한 도전이 아니라면 아무것도 아니다.
⑨ 그것은 회사도 아니고 자선단체도 아니다.
⑩ 선생님과 학생들 둘 다 완벽하지 않다.

📍 27강의 목표
어울리는 단어의 '짝'을 찾아 영어에 대한 자신감을 더욱 가진다!

📍 27강의 내용
- **영순법 27**: between A and B (A와 B사이에)
  both A and B (A와 B 둘 다)
  not only A but also B (A뿐만 아니라 B도 역시)

(between A and B 외)
세모의 기적 2
세모를 치면 영어가 된다!

27강 핵심요약강의

큐알코드를 찍으면
핵심 요약강의를 수강하실 수 있습니다.

27 세모를 치면 영어가 된다!
세모의 기적 2 (between A and B 외)

영순법 27
세모의 기적 2

 영순법 27강의 핵심

26강 내용의 연장이다. 다음의 단어들은 반드시 쌍으로 느껴져야 한다.
반드시 세모를 쳐서 쌍을 이루는 그 단어들이 도드라지게 보여야 한다.

between A and B — A와 B사이에

both A and B — A와 B 둘 다

not only A but also B — A뿐만 아니라 B도 역시

영순법 다지기 27

A between A and B (A와 B사이에)

1. He was sitting **between** Tom **and** Jeff.
   그는 탐과 제프 사이에 앉아 있었다.

2. There was a fight **between** my friend **and** your friend.
   내 친구와 네 친구 사이에 싸움이 있었다.

3. They were standing **between** the bench **and** the garbage can.
   그들은 벤치와 쓰레기통 사이에 서 있었다.

4. There was a conflict **between** employers **and** employees.
   고용주와 직원들 사이에 충돌이 있었다.

5. I don't know the difference **between** this product **and** the other product.
   나는 이 제품과 나머지 다른 제품과의 차이점을 모르겠다.

6. I am not sure which one to choose **between** red **and** orange.
   나는 빨간 색깔과 오렌지 색깔 중에 어떤 것을 고를지 확실하지 않다.

B both A and B (A와 B 둘 다)

1. We have to change our plan, **both** creatively **and** effectively.
   우리는 우리의 계획을 창의적이고 효과적으로 바꿔야 한다.

2. He likes working at **both** restaurants **and** cafes.
   그는 식당에서 일하는 것과 까페에서 일하는 것 둘 다 좋아한다.

3. Susie can play **both** the violin **and** the piano.
   수지는 바이올린과 피아노 둘 다 연주할 수 있다.

4. **Both** Christine **and** Sam want to graduate from college earlier.
   크리스틴과 샘 둘 다 대학교를 일찍 졸업하길 원한다.

5. I am not interested in **both** computers **and** cars.
   나는 컴퓨터와 차 둘 다에 관심이 없다.

6. **Both** my mom **and** dad want me to be a lawyer.
   나의 엄마와 아빠 모두 내가 변호사가 되기를 원하신다.

C   not only A but also B (A 뿐만 아니라 B도 역시)

1 Tom is **not only** poor **but also** lazy.
톰은 가난할 뿐만 아니라 게으르다.

2 **Not only** Jeff **but also** students like English.
제프뿐만 아니라 학생들은 영어를 좋아한다.

> not only A but also B 덩어리가 주어 역할을 할 경우 동사는 B에 일치시킨다.

3 Mark is **not only** smart **but also** popular.
마크는 똑똑할 뿐만 아니라 인기도 있다.

4 I can speak **not only** Korean **but also** English.
나는 한국어뿐만 아니라 영어도 말할 수 있다.

5 They are **not only** rude **but also** loud.
그들은 버릇없을 뿐만 아니라 시끄럽기도 하다.

6 She is **not only** responsible **but also** enthusiastic.
그녀는 책임감이 있을 뿐만 아니라 열정적이기도 하다.

7 My family is **not only** happy **but also** talkative.
나의 가족은 행복할 뿐만 아니라 이야기하기를 좋아한다.

8 I major in **not only** Spanish **but also** Spanish history.
나는 스페인어뿐만 아니라 스페인 역사도 전공한다.

9 I would like to eat **not only** bulgogi **but also** bibimpap for dinner.
나는 저녁으로 불고기 뿐만 아니라 비빔밥도 먹고 싶다.

Watch Out 여기서 잠깐!

'not only A but also B' 는 'B as well as A' 의 구조로 바꿀 수 있다.
이 때 **'not only A but also B' 혹은 'B as well as A' 표현 덩어리**가 문장의 주어가 될 때 동사는 B에 일치시켜야 한다. (*'일치'란 주어에 따라 동사의 형태를 어울리도록 만든다는 뜻. 즉, 주어가 단수면 동사도 단수, 주어가 복수면 동사도 복수 형태.)

=

B as well as A

- ☑ Tom is **not only** poor **but also** lazy.
  = Tom is lazy **as well as** poor.
  톰은 가난할 뿐만 아니라 게으르다.

- ☑ Not only Jeff but also students like English.
  = <u>Students</u> as well as Jeff <u>like</u> English.

  제프분만 아니라 학생들은 영어를 좋아한다.

 공부한 내용을 테스트를 통해 복습해보아요.

A 다음 퀴즈에 답하시오.

① not only A but also B와 같은 형태의 표현은? ▶

② Students as well as Jeff likes English. 이 문장에서 틀린 부분을 바로 잡으시오. ▶

B 영어단어의 순서를 배열하시오.

③ The package weights eight ten between pounds and

그 소포는 8파운드와 10파운드 사이의 무게다.

④ There is a connection between and daughter mother special

어머니와 딸 사이에는 특별한 연결이 있다.

⑤ people the between general celebrities and difference is that the celebrities have unique talents

유명인사들과 보통 사람들 사이의 차이점은 유명인사는 독특한 재능을 가지고 있다라는 것이다.

⑥ originality he both and knowledge has

그는 지식과 독창성을 둘 다 가지고 있다.

C 다음 문장을 정확히 해석해보시오.

⑦ Both Jeff and Mary attended the same school.
⑧ You can improve yourself both creatively and logically through this practice.
⑨ She is not only clever but also hard-working.
⑩ She was not only intelligent but also musical.

Answer

① B as well as A
② likes → like
③ The package weights between eight and ten pounds.
④ There is a special connection between mother and daughter.
⑤ The difference between celebrities and general people is that the celebrities have unique talents.
⑥ He has both knowledge and originality.
⑦ 제프와 메리 둘 다 같은 학교에 다닌다.
⑧ 너는 이 연습을 통해 창조적이고 논리적으로 너 자신을 발전시킬 수 있다.
⑨ 그녀는 현명할 뿐만 아니라 열심히 노력한다.
⑩ 그녀는 똑똑할 뿐만 아니라 음악에 재능이 있었다.

강의 목표
간접의문문의 기본을 안다.

강의 내용
- **영순법 28**: 간접의문문 기본

문장안에 의문문이 쏘~옥!
간접의문문 1
간접의문문을 알아야 길게 영어를 쓸 수 있다.

28강 핵심요약강의

큐알코드를 찍으면
핵심 요약강의를 수강하실 수 있습니다.

간접의문문을 알아야 긴 문장 영어가 된다!

28 간접의문문 1

영순법 28
간접의문문 기본

* **간접의문문 정의:** 의문문이 문장안에 **쏘~옥!** 들어간 것!
* **간접의문문의 어순:** '**의**문사 + **주**어 + **동**사'!

> 정확한 영문법적 간접의문문의 정의는 '의문사가 이끄는 명사절'이라고 표현함이 정확한 표현입니다. 하지만, 이런 식의 유창한 문법용어를 사용한 현학적 설명은 영어초보자분들께 전혀 도움이 되지 않는 정의입니다.
>
> JEFF 강사가 말씀드리는대로 '의문문이 문장 안에 쏘~옥!' 으로 꼭 기억해두세요! 그래야 영어가 됩니다! 홧팅!

 영순법 28강의 핵심

의문문이 문장속에 쏘~옥 들어가 있는 것을 '간접의문문'이라 한다.
의문문이 문장 속에 쏘~옥 들어갈 때 반드시 '어순'에 유의해야 한다.
기본적으로 가지고 있는 의문문의 구조가 없어지고 <u>'**의문사 + 주어 + 동사**' 의 어순이 만들어짐</u>에 유의해야 한다.

Do you know?
너는 아니?

Who is he?
그는 누구니?

▼

Do you know who he is?
　　　　　　　의　주　동
너는 그가 누구인지 아니?

- ☑ Do you know **what** this is?　　너는 이게 무엇인지 아니?
- ☑ Do you know **where** this is?　　너는 여기가 어디인지 아니?
- ☑ Do you know **when** he leaves?　너는 그가 언제 떠나는 줄 아니?
- ☑ Do you know **how** he did?　　너는 그가 어떻게 했는지 아니?
- ☑ Do you know **why** he did?　　너는 그가 왜 했는지 아니?

다지기를 통해 확실히 내 것으로 만들자!

영순법 다지기 28

의문문이 문장속에 쏘~옥 들어가면서 어순이 '의문사+주어+동사'의 어순이 됨에 유의해야 한다!

1
I know (나는 안다.) / Who are you? (너는 누구냐?)
▶ I know **who** you are.
나는 네가 누구인지 안다.

2
Do you know? (너는 아니?) / What is it? (그것이 무엇이니?)
▶ Do you know **what** it is?
너는 그것이 무엇인지 아니?

3
Tell me (나에게 말해줘) / How old is he? (그는 몇 살인가?)
▶ Tell me **how** old he is.
나에게 그가 몇 살인지 말해.

4
Do you know? (너는 아니?) / Where does he live? (그는 어디에 사니?)
▶ Do you know **where** he lives?
너는 그가 어디에 사는지 아니?

5
Do you know **who** they are?
너는 그들이 누군인지 아니?

6
Do you know **when** the train departs?
너는 기차가 언제 출발하는지 아니?

7
He asked me **how** much this bag is.
그는 이가방이 얼마인지를 물었다.

8
I wonder **what** time it is now.
나는 지금이 몇 시인지 궁금하다.

9
Have you decided **what** your major will be?
너는 네가 무엇을 전공할지 정했니?

10
Do you remember **how** hard you practiced?
네가 얼마나 열심히 연습했는지 기억하니?

⚠ Watch Out 여기서 잠깐!

쏘~옥 들어가는 의문문에 주어가 없는 경우가 있다. **이때는 '의문사'가 '주어'의 역할을 겸하고 있다.**
의문사 뒤에 주어가 필요가 없으니 그냥 동사만 뒤에 적어주면 된다.

'의문사 + 동사' 가 문장 안에 쏘~옥 들어가는 것이다.

아주 단순하지만 이 요령을 몰라서 영작과 독해에 어려움을 겪는 경우가 매우 많다. 반드시 완전히 내 것으로 만들어보자!

- ☑ I don't know **who** broke the window.
  나는 누가 창문을 깼는지 모른다.

- ☑ I want to know **what** happened.
  나는 무슨 일이 일어났는지 알기를 원해.

- ☑ Did you see **who** threw out this garbage?
  너는 누가 이 쓰레기를 버렸는지를 봤니?

- ☑ Can you tell me **who** lives here?
  넌 나에게 여기 누가 사는지 말해줄 수 있니?

- ☑ I realized **what** makes her happy.
  나는 무엇이 그녀를 행복하게 하는지 깨달았다.

Review Test
공부한 내용을 테스트를 통해 복습해보아요.

A 다음 퀴즈에 답하시오.

① 간접의문문의 정의를 쓰시오. ▶

② '쏘~옥!' 될 때 꼭 기억해야 할 영어단어 어순은? ▶

B 영어단어의 순서를 배열하시오.

③ her she lost does she where key know ?
그녀는 그녀가 열쇠를 어디서 잃어버렸는지 아니?

④ him her ask immediately is name what
그에게 즉각 그녀의 이름이 무엇인지 물어봐.

⑤ truly I want she know who to loved
나는 그녀가 진정으로 누구를 사랑하는지 알기를 원해.

⑥ her I where ask she can likes to drink coffee ?
나는 그녀에게 그녀가 어디에서 커피 마시는 것을 좋아하는지 물어봐도 됩니까?

C 다음 문장을 정확히 해석해보시오.

⑦ Do you know what she bought in the department store?
⑧ Tell me when you went to bed yesterday.
⑨ My teacher asked me how I solved that problem.
⑩ Do you know when the last subway departs from Seoul station to DongDaeMoon station?

Answer

① 의문문이 문장 안에 쏘~옥!
② 의 + 주 + 동 (의문사 + 주어 + 동사)
③ Does she know where she lost her key?
④ Ask him immediately what her name is.
⑤ I want to know who she truly loved.
⑥ Can I ask her where she likes to drink coffee?
⑦ 너는 그녀가 백화점에서 무엇을 샀는지를 아니?
⑧ 네가 어제 언제쯤 잠자러 갔는지 나에게 말해줘.
⑨ 나의 선생님은 나에게 그 문제를 어떻게 풀었는지를 물어보셨다.
⑩ 너는 마지막 지하철이 언제 서울역에서 동대문역으로 출발하는지를 아니?

Dream big and dare to fail.

– Norman Vaughan –

크게 꿈꾸고 실패할 용기를 가져라.

29강의 목표
간접의문문의 고수가 된다!

29강의 내용
- 영순법 29: 간접의문문 고급

문장안에 의문문이 쏘~옥!

간접의문문 2

간접의문문에 대해 더욱 파헤치자!

29강 핵심요약강의

큐알코드를 찍으면
핵심 요약강의를 수강하실 수 있습니다.

29 간접의문문 2
간접의문문에 대해 더욱 파헤치자!

영순법 29
간접의문문 고급

* 간접의문문 정의: 의문문이 문장안에 **쏘~옥!** 들어간 것!

의 + 주 + 동
if + 주 + 동

❗ 여기서 잠깐!

우선 영어에서 의문문은 다음과 같이 두 가지 의문문이 있음을 확인하자.
① Who is he? (그는 누구인가?) => 의문사 있는 의문문
② Is he rich? (그는 부유한가?) => 의문사 없는 의문문

 영순법 29강의 핵심

영어에서 의문문은 위에서 보는 바와 같이 두 가지 종류이다. 의문사가 있는 의문문과 의문사가 없는 의문문으로 나뉜다.

의문사가 있는 의문문은 28강에서 배운 바와 같이 '의문사+주어+동사'의 어순을 떠올리면 되고, 의문사가 존재하지 않는다면 'if + 주어 + 동사' 의 어순으로 쓰면 된다.

즉, 의문사 대신 if를 쓰면 된다. (이 때의 if는 '~인지 아닌지' 라는 의미로 해석한다.)

영순법 다지기 29

의문사가 없는 의문문이 문장 속으로 쏘~옥 들어가면서 **'if + 주어 + 동사'**의 어순이 됨에 주목하자!

1   I wonder (나는 궁금하다) / Is he honest? (그는 정직합니까?)
▶ I wonder **if** he is honest. (나는 그가 정직한지 아닌지 궁금하다.)

2   I don't know (나는 모른다) / Can he speak English? (그는 영어를 말할 수 있나?)
▶ I don't know **if** he can speak English. (나는 그가 영어를 말할 수 있는지 없는지 모른다.)

3   Tell me (나에게 말해줘) / Does he swim well? (그는 수영을 잘 하니?)
▶ Tell me **if** he swim well. (나에게 그가 수영을 잘 하는지 아닌지 말해줘.)

\# 아래 문장들은 모두 의문사가 없는 의문문이 문장 안에 쏘~옥 들어간 예문들이다. 의문사가 없기에 '의+주+동' 이 아닌 'if+주+동' 을 써야함에 유의하자.

4   I wonder **if** they are lost.
나는 그들이 길을 잃었는지 아닌지 궁금하다.

5   I asked her **if** she loves me.
나는 그녀에게 나를 사랑하는지 물어봤다.

6   Can you tell me **if** there is a subway station nearby?
너는 나에게 이 주변에 지하철역이 있는지 말해 줄래?

7   I wanted to know **if** Jacob wants my laptop.
나는 제이콥이 내 노트북을 원하는지 아닌지 알고 싶다.

8   The police asked me **if** I stole the stuff in the store.
경찰이 내가 상점에 있는 물건을 훔쳤는지 아닌지 물어봤다.

> **Review Test** 공부한 내용을 테스트를 통해 복습해보아요.

A 다음 퀴즈에 답하시오.

① 간접의문문의 정의를 쓰시오. ▶
② '의+주+동'이 되지 못할 때는 어떤 어순을 써야 하는가? ▶

B 영어단어의 순서를 배열하시오.

③ is   if   he   handsome   tell   me
그가 잘 생겼는지 그렇지 아닌지를 나에게 말해줘.

④ She   if   I   me   asked   truly   her   love
그녀는 나에게 내가 그녀를 진정으로 사랑하는지 아닌지를 물었다.

⑤ I   don't   know   me   he   if   forgive   will
나는 그가 나를 용서할지 안 할지를 모르겠다.

C 다음 문장을 정확히 해석해보시오.

⑥ Do you know what she bought in the department store?
⑦ Tell me when you went to bed yesterday.
⑧ My teacher asked me how I solved that problem.
⑨ Do you know when the last subway departs from Seoul station to DongDaeMoon station?

Answer

① 의문문이 문장 안에 쏘~옥!
② if + 주 + 동
③ Tell me if he is handsome.
④ She asked me if I truly love her.
⑤ I don't know if he will forgive me.
⑥ 너는 그녀가 백화점에서 무엇을 샀는지를 아니?
⑦ 네가 어제 언제쯤 잠자러 갔는지 나에게 말해줘.
⑧ 나의 선생님은 나에게 그 문제를 어떻게 풀었는지를 물어보셨다.
⑨ 너는 마지막 지하철이 언제 서울역에서 동대문역으로 출발하는지를 아니?

30강 강의 목표
간접의문문의 진정한 고수가 된다. (의문사가 문장 맨 앞으로 나오는 상황 완벽 이해!)

30강 강의 내용
- 영순법 30: 의문사가 무조건 맨 앞으로 나가는 간접의문문

문장안에 의문문이 쏘~옥!
간접의문문 3
간접의문문 개념을 완성하자! 특히나 시험영어를 위해!

30강 핵심요약강의

큐알코드를 찍으면
핵심 요약강의를 수강하실 수 있습니다.

간접의문문 개념을 완성하자! 특히나 시험영어를 위해!

30 간접의문문 3

영순법 30
의문사가 맨앞으로 나가는 간접의문문

영순법 30강의 핵심

간접의문문은 영어 초보자들이 가장 어려워하는 부분 중 하나이다.
하지만, 이 파트를 마치고 나면 간접의문문이 편안한 친구가 되어있음을 느낄 것이다.
끝으로 강조한다.
긴 영어 문장을 볼 때 결국 문장을 구성하는 많은 단어들이 평면적으로 보이지 않고, 문장의 핵심 해석을 만들어내는 특정 단어 순서가 입체적으로 두둥실 떠올라 보여야 한다. 그때 비로소 영어 자신감이 생긴다!

Watch Out 여기서 잠깐!

문장에서 아래의 다섯 동사들이 보인다면 무조건 **의문사를 문장의 맨 앞으로 보낸다는 사실을 반드시 기억하자!**

think
believe
imagine
guess
suppose

▶ 이 동사들이 보인다면
묻지도 따지지도 말고
의문사를 문장 맨 앞으로!!!

know 동사가 보일 경우 배운 대로 '의+주+동' 어순으로 쓰면 된다. 하지만, 아래의 문장에서처럼 think 동사가 보인다면 의문사의 위치가 문장의 맨 앞이 된다.

- ✅ Do you know? (너는 아니?) / What is it? (그것이 무엇이니?)
  - ▶ Do you know what it is? (너는 그것이 무엇인지 아니?)

- ✅ Do you think? (너는 생각하니?) / What is it? (그것이 무엇이니?)
  - ▶ <u>What</u> do you think it is? (너는 그것이 무엇이라고 생각하니?)

영순법 다지기 30
다지기를 통해 확실히 내 것으로 만들자!

think
believe
imagine
guess
suppose

위 다섯 가지 동사는 반드시 암기해야 한다. 문장에서 위 동사들이 보이는가? **그럼 무조건 의문사를 문장의 맨 앞으로 보냄을 잊지 말자!**

1
Do you think? (너는 생각하니?) / How old is he? (그는 몇 살이니?)
▶ **How old** do you think he is? (너는 그가 몇 살이라고 생각하니?)

2
Do you think? (너는 생각하니?) / Where should I go first? (나는 먼저 어디를 가야 하니?)
▶ **Where** do you think I should go first? (너는 내가 먼저 어디를 가야 한다고 생각하니?)

30 간접의문문 3 (문장안에 의문문이 쏘~옥!)

의문사가 앞으로 나가는 문장을 좀 더 연습해보자.

3 **Where** do you think Jacob met her?
너는 제이콥이 어디서 그녀를 만났다고 생각하니?

4 **Where** do you think she lived?
너는 그녀가 어디에 살았다고 생각하니?

5 **Who** do you think wrote the memo?
너는 누가 메모를 썼었다고 생각하니?

6 **Who** do you think you are?
너는 네가 누구라고 생각하니?

7 **Where** do you guess he will be?
그가 어디에 있을 것 같다고 추측하니?

8 **Where** do you suppose he stole the money from?
너는 그가 어디에서 돈을 훔쳤다고 가정하니(=생각하니)?

삶의 지혜를 주는 English Proverb

Easier said than done.

행해지는 것 보다 말해지는 것이 더 쉽다.

말로 하는 것은 쉽지만 실제로 실행하는 것은 더 어렵기 마련이죠. 언제나 자신의 말을 실제 행동으로 옮기는 걸 주저하지 않는 우리가 되었으면 합니다.

 **Review Test**　　공부한 내용을 테스트를 통해 복습해보아요.

A 다음 퀴즈에 답하시오.

① 간접의문문에서 묻지도 말고 따지지도 말고 의문사를 앞으로 나가게 만드는 동사 다섯 개는? ▶
② 의문사가 주어 역할까지 하는 의문문의 어순은 무엇인가? ▶

B 영어단어의 순서를 배열하시오.

③ What　do　you　buy　he　think　will　for　your　present　?
너는 그가 너의 선물로 무엇을 사줄 것이라고 생각하니?

④ When　do　you　will　come　he　think　back　from　the　journey　?
너는 그가 언제 여행에서 돌아올 것이라고 생각하니?

⑤ Where　do　you　he　English　studied　think　for　his　business　trip　?
너는 그가 그의 출장을 위해 영어를 어디서 배웠다고 생각하니?

⑥ How　do　you　can　think　our　we　body　keep　in　shape　?
너는 우리가 어떻게 우리의 신체를 건강하게 만들 수 있다고 생각하니?

C 다음 문장을 정확히 해석해보시오.

⑦ When do you believe you can master English?
⑧ How do you imagine the future of Korea will be?
⑨ Where do you guess he bought the lucky lottery ticket?
⑩ What do you suppose I should prepare for the blind date?

Answer

① think, believe, imagine, guess, suppose
② 의문사 + 동사 (의문사 다음에 바로 동사 쓸 것!)
③ What do you think he will buy for your present?
④ When do you think he will come back from the journey?
⑤ Where do you think he studied English for his business trip?
⑥ How do you think we can keep our body in shape?
⑦ 너는 언제 네가 영어를 마스터 할 수 있다고 믿니?
⑧ 너는 한국의 미래가 어떻게 될 것 이라고 상상하니?
⑨ 너는 그가 어디서 그 행운의 복권을 구입했다고 생각하니?
⑩ 너는 내가 소개팅을 위해 무엇을 준비해야 한다고 생각하니?

JEFFSTUDY
where your dreams come true

영어자신감! 제프스터디
www.jeffstudy.com

제프스터디는 **영순법(영어단어순서법)** 이라는 JEFF 강사의 독특한 영어학습법으로 많은 기초영어 학습자들에게 큰 도움을 드리고 있는 영어학습 웹싸이트입니다.

JEFF 강사의 재치있고 재밌는 강의, 그리고 영어 문장을 조금씩 길게 늘여가며 영어어순감각을 익히는 강좌는 기존의 고리타분한 영문법 공부로 고통받던 영어학습자들에게 큰 희망이 되고 있습니다.

지금 바로 제프스터디를 방문해 보세요.

당신의 인생에 새로운 기회가 열릴 것입니다.